Big Green Egg Kochbuch 2021-2020

800 Tage Schmackhafte, Saftige Grillrezepte für Einsteiger und Fortgeschrittene

Meistern Sie das volle Potenzial Ihres Keramikgrills

Hance Lirous

Inhaltsverzeichnis

Einführung

Big Green Egg Kochbuch 2021-2020: leckere Rezepte und Schritt-für-Schritt-Anleitungen, um das Räuchern mit dem Keramikgrill zu genießen. Egal, ob Sie ein Anfänger im Fleischräuchern sind oder über die Grundlagen hinausgehen wollen, das Buch gibt Ihnen die Werkzeuge und Tipps, die Sie brauchen, um das perfekt geräucherte Fleisch zu starten.

"Rauchen ist eine Kunst". Mit ein wenig Zeit & Übung können auch Sie ein Experte werden. Um eine Räuchertechnik zu finden, die für Sie funktioniert, müssen Sie mit verschiedenen Hölzern & Garmethoden experimentieren. Garen Sie das Fleisch einfach über einer indirekten Hitzequelle & garen Sie es über Stunden. Beim Räuchern Ihres Fleisches ist es sehr wichtig, dass Sie den Rauch entweichen & sich bewegen lassen. Mit weißem Rauch können Sie den Geschmack Ihrer Speisen verstärken. Zusätzlich zu dieser Aussage können Sie auch die Nährstoffe in den Lebensmitteln erhalten.

Das Big Green Egg Kochbuch 2021-2020 feiert speziell diesen vielseitigen Keramikkocher. Die in fünf Größen erhältlichen Big Green Egg Keramikkocher können anbraten, grillen, räuchern, braten und backen. Hier ist das Geschenk, auf das Eierköche gewartet haben, mit einer Vielzahl von Koch- und Backrezepten, die die Fähigkeiten des Kochers als Grill, Smoker und Ofen umfassen.

Kapitel 1: Herd zum Grillen, Backen und Räuchern

Der Big Green Egg Cooker ist ein Outdoor-Kochgerät, mit dem Sie über einem kohlebefeuerten Heizsystem kochen, grillen, backen und räuchern können. Das Gerät verfügt über einen Klappdeckel, einen Garraum für die Kohlen, die Lüftungsschlitze und eine Temperaturanzeige, um die Hitze im Inneren zu halten. Sie können verschiedene Eisenpfannen, Kochtöpfe und geeignete Woks in den Herd stellen, um Lebensmittel Ihrer Wahl zu kochen.

Warum den Big Green Cooker kaufen?

Bevor wir uns mit den Details des Big Green Egg Cookers beschäftigen, ist es wichtig, alle Vorteile eines mit Holzkohle befeuerten Big Green Egg Cookers zu verstehen.

- **Komfortabel im Freien kochen**

Der Big Green Egg Cooker bietet bequemes Kochen im Freien. Der Kocher kommt mit einem Deckel, der die Umgebung sauber hält und großartige Aromen in das Essen einbringt. Und Sie können die Kocheinheit an jeden Platz im Freien mitnehmen und dort kochen. Er funktioniert gut, weil er keinen Stromanschluss braucht, um zu funktionieren. Solange Sie einen guten Vorrat an Holzkohle haben, um den Topf des Kochers zu füllen, und ein Feuerzeug, um ihn anzuzünden, sind Sie startklar.

- **Temperaturregelung und Entlüftung**

Die Funktion des Thermo-Messgeräts, einer oberen Entlüftungsöffnung und der unteren Entlüftungsöffnung des Kochers besteht darin, die Innentemperatur des Big Green Egg Kochers zu halten. In anderen Holzkohlegrills können wir sie nicht manuell aufrechterhalten, weil es kein Messgerät gibt, um die Temperatur im Auge zu behalten, sobald das Feuer gemacht wird, während im mit Holzkohle befeuerten Big Green Egg Cooker die Temperatur uns zu Recht die steigende oder fallende Temperatur anzeigt.

- **Benutzerfreundlich:**

Da man beim mit Holzkohle befeuerten Big Green Egg Cooker Kohle in den Boden einfüllt, kann man ihn, sobald er angezündet ist, für 2-3 Sitzungen verwenden; er ist viel weniger gefährlich als andere Holzkohlegrills, da man die heiße Kohle nicht umherwerfen und bewegen muss, um die Hitze zu erhalten. Sie können die Temperatur ändern und im Auge behalten, indem Sie die

- **Einfache Reinigung**

Der ConvEGGtor im Inneren des Eierkochers lässt sich nach jedem Kochvorgang leicht herausnehmen und kann anschließend abgewaschen werden. So wird die Reinigung bei diesen Big Green Egg Cookern deutlich einfacher.

- **Robust gebaut**

Eine der besten Eigenschaften der mit Holzkohle befeuerten Big Green Egg Kocher ist ihr robustes Äußeres und ihre feste Bauweise, die den Gebrauch sicher macht, wenn sie sorgfältig über einem Ständer platziert werden, der gerade steht und kein Ungleichgewicht aufweist.

Kapitel 2: Den Big Green Cooker verstehen

Das Big Green Egg funktioniert so einfach wie jeder andere Holzkohlegrill oder Smoker, aber bei dieser Kocheinheit können Sie die Temperatur im Inneren der Garkapsel über die Luftzirkulation steuern. Je mehr Luft durch die Garkapsel strömt, desto stärker werden die Flammen, und die Temperatur steigt. Zu diesem Zweck gibt es zwei Lüftungsöffnungen im Kocher:

Entlüftungsöffnungen an der Oberseite des Herdes lassen die heiße Luft in die Luft entweichen, wodurch die Temperatur gesenkt wird. Durch Abnehmen der Abdeckung der Entlüftungsöffnung kann die Temperatur gesenkt werden.

Die Entlüftungsöffnungen an der Unterseite des Kochers sind mit einer Abdeckung versehen; je mehr die Entlüftungsöffnung geöffnet wird, desto mehr Luft strömt durch die Gondel, und die Temperatur wird erhöht.

So wird durch das Öffnen und Schließen der oberen und unteren Lüftungsschlitze die Temperatur im Inneren des Kochers gesteuert. Das vor dem Deckel befindliche Manometer zeigt die Temperatur im Inneren des Kochers an. So können Sie die Temperatur auch ohne Thermometer im Auge behalten.

Wie funktioniert es?

Um einen neu gekauften holzkohlebefeuerten Big Green Egg-Kocher vorzubereiten, müssen folgende Schritte durchgeführt werden. Reinigen Sie ihn mit einem sauberen Tuch und bereiten Sie das Gerät zum Kochen vor:

1. Bereiten Sie zunächst das Gerät vor und stellen Sie es auf seinen Ständer oder ein Nest. Das Gerät muss auf einen stabilen Untergrund gestellt werden.
2. Füllen Sie nun den Feuertopf des grünen Eierkochers mit mittelgroßen Holzkohlestücken.
3. Entfernen Sie die Herdschornsteinkappe und setzen Sie den verstellbaren Entlüfter auf.
4. Zünden Sie die Holzkohlestücke mit einem elektrischen Feuerzeug oder einem Glasfeuerzeug an.
5. Halten Sie ihn offen, bis die Kohlen zu brennen beginnen und sich die Flammen beruhigen.
6. Decken Sie den Deckel des Kochers ab und halten Sie die Lüftungsschlitze geschlossen, bis die gewünschte Temperatur erreicht ist.

7. Um zu verhindern, dass die Temperatur des Kochers weiter ansteigt, öffnen Sie die Entlüftung an der Oberseite des Kochers.
8. Wenn die Temperatur erhöht werden muss, dann öffnen Sie nach und nach die Entlüftung am Boden, um die Temperatur zu erhöhen, bis die gewünschte Temperatur erreicht ist.

Schritte zum Kochen:

1. Sobald Ihr Big Green Egg-Kocher fertig eingestellt und vorgeheizt ist, können Sie Lebensmittel zum Kochen hinzufügen.
2. Um Speisen indirekt im Herd zu garen, müssen Sie einen convEGGtor aufsetzen, der wie eine runde Schale die Gitter des Herdes abdeckt.
3. Und um direkt zu garen, verwenden Sie nicht den convEGGtor und legen Sie die Speisen direkt auf die Grillroste.
4. Sie können auch einen Dutch Oven oder einen Wok auf die Platte stellen, um die Holzkohle zu bedecken und sie so in einen Holzkohleofen zu verwandeln.
5. Geben Sie nun das Gargut in den Kocher, decken Sie es ab und kochen Sie es für die gewünschte Garzeit.
6. Behalten Sie die Temperaturanzeige im Auge und nutzen Sie die Lüftungsschlitze, um die Temperatur unter Kontrolle zu halten.
7. Servieren Sie Ihre frisch gekochten, gebackenen, gegrillten oder geräucherten Speisen.

Reinigung und Wartung

Die folgenden wichtigen Schritte helfen Ihnen, Ihren Herd nach jeweils 2-3 Kochvorgängen zu reinigen. Dabei ist zu beachten, dass die Reinigung den Herd in einem besseren Zustand hält. Wir alle wissen, dass nach jedem Kochvorgang eine große Menge an Fett, Ruß und Asche zurückbleibt. Es ist wichtig, ihn vor dem erneuten Befüllen zu entleeren.

- Denken Sie daran, dass das Fett umso schwerer abzuwischen ist, je länger Sie es auf den Tabletts belassen. Sie können die Tabletts reinigen, sobald sie so weit abgekühlt sind, dass sie ohne Beschädigung bearbeitet werden können.
- Verwenden Sie zum Reinigen der Grillroste einen Bimsstein, einen Holzschaber oder ein Folienknäuel, um alle am Rost haftenden Speisereste vorsichtig abzuschaben. Vermeiden Sie die Verwendung der Drahtbürste aus rostfreiem Stahl, da diese die Keramikbeschichtung der Grillroste beschädigt.
- Sobald die Speisereste abgekratzt sind, wischen Sie das gesamte Fett mit einem feuchten Tuch ab. Tragen Sie zum Reinigen des Grillrosts Handschuhe, da dieser

nach dem Kochen klebrig sein kann.

- Vermeiden Sie die Verwendung von chemischen oder säurehaltigen Reinigern, da diese auch die Keramikbeschichtung des Zubehörs beschädigen.

- Der nächste Schritt ist die Reinigung des Deckels und des Feuertopfs. Die im Feuertopf vorhandene Asche kann mit dem Staubsauger gereinigt werden, aber Sie können nur saugen, wenn der Herd kalt ist und der Stecker gezogen ist.

- Nehmen Sie nach 4-5 Kochvorgängen die Schornsteinkappe ab und waschen Sie sie mit warmem Seifenwasser. Wischen oder kratzen Sie den Ruß vorsichtig mit Grilltüchern oder anderen nicht-metallischen Scheuermitteln vom Schornstein ab.

- Verwenden Sie nun Reinigungstücher oder ein beliebiges feuchtes Tuch, um den Herd von innen und außen abzuwischen.

- Wenn der Kocher nicht in Gebrauch ist, bewahren Sie ihn über und geschützt auf. Der Herd darf nicht dem Regen ausgesetzt werden.

- Wischen Sie die Temperaturanzeige vorsichtig mit einem Reinigungstuch ab.

- Die Lebensmittelsonden können geschrubbt und mit Seifenwasser gewaschen werden, um sie gründlich zu reinigen und kontaminationsfrei zu halten.

Kapitel 3: Frühstücksrezepte

Frühstücksauflauf

Portionieren: 6
Vorbereitungszeit: 10 Minuten
Kochzeit: 50 Minuten

Inhaltsstoffe

- 24 oz lose Schweinswurst
- 1 mittlere Paprika, gehackt
- 1 mittelgroße Zwiebel, gehackt
- 3 Tassen gefrorene Röstkartoffeln
- 2 Tassen geschredderter Cheddar-Käse

- 1 Tasse Bisquick-Mischung
- 2 Tassen Milch
- ¼ Teelöffel Pfeffer
- 4 Eier

Methode:

1. Stellen Sie die Temperatur des Big Green Egg-Garers mit convEGGtor auf 350 Grad F ein.
2. Verquirlen Sie Bisquick mit Milch, Eiern und Pfeffer in einem Mixer.
3. Braten Sie Schweinefleischwurst, Zwiebel und Paprika in einer 10-Zoll-Pfanne bei mittlerer Hitze an.
4. Unter Rühren kochen, bis die Wurst eine braune Farbe annimmt, dann in eine Auflaufform geben.
5. Kartoffeln, 1 ½ Tassen Käse und die Bisquick-Mischung untermischen.
6. Backen Sie die Mischung für 45 Minuten im vorgeheizten Big Green Egg Cooker
7. Den restlichen Käse über den Auflauf träufeln und 5 Minuten backen.
8. Servieren.

Nährwertangaben pro Portion:

- Kalorien 322
- Fett gesamt 11,8 g
- Gesättigtes Fett 2,2 g
- Cholesterin 56 mg
- Natrium 321 mg

- Kohlenhydrate gesamt 14,6 g
- Ballaststoffe 4,4 g
- Zucker 8 g
- Eiweiß 17,3 g

Knuspriger Speck

Portionieren: 4
Vorbereitungszeit: 5 Minuten
Kochzeit: 10 Minuten

Zutaten:

- 6 Scheiben Speck
- ½ Zwiebel, in Scheiben geschnitten
- 1/4 Tasse Cheddar-Käse, gerieben
- 5 schwarze Oliven, in Scheiben geschnitten
- ½ Tasse Avocado-Püree

Methode:

1. Stellen Sie die Temperatur des Big Green Egg Kochers auf 375 Grad F mit convEGGtor ein.
2. Fetten Sie eine Auflaufform mit Kochspray ein.
3. Legen Sie die Speckscheiben in die Auflaufform.
4. Im vorgeheizten Big Green Egg Cooker 10 Minuten lang knusprig backen.
5. Belegen Sie die Speckscheiben mit Avocadopüree, Gemüse und Käse.
6. Servieren.

Nährwertangaben pro Portion:

- Kalorien 174
- Fett gesamt 12,3 g
- Gesättigtes Fett 4,8 g
- Cholesterin 32 mg
- Natrium 597 mg
- Kohlenhydrate gesamt 4,5 g
- Faser 0,6 g
- Zucker 1,9 g
- Eiweiß 12 g

Bananenbrot

Portionieren: 6
Vorbereitungszeit: 10 Minuten
Kochzeit: 25 Minuten

Inhaltsstoffe

- 4 mittelgroße Bananen, geschält und in Scheiben geschnitten
- ¼ Tasse normaler griechischer Joghurt
- 2 große Eier
- 1/2 Unze Vanilleextrakt
- 10 oz. Allzweckmehl
- ¾ Tasse Zucker
- 3 oz. Hafermehl
- 1 Teelöffel Backpulver
- 1 Teelöffel Backpulver
- 3/4 Teelöffel koscheres Salz
- 3/4 Teelöffel gemahlener Zimt
- 1/2 Teelöffel gemahlene Nelken
- 1/4 Teelöffel gemahlene Muskatnuss
- 3/4 Tasse Kokosnussöl
- 1 Tasse geröstete Pekannuss

Methode:

1. Stellen Sie die Temperatur des Big Green Egg Kochers auf 350 Grad F mit convEGGtor ein.
2. Legen Sie eine 10,5 mal 5,5 Zoll große Laibform mit einem Pergamentpapier aus und stellen Sie sie beiseite.
3. Zerdrücken Sie die Banane in einer geeigneten Schüssel und fügen Sie Eier, Vanille und griechischen Joghurt hinzu, dann mischen Sie gut.
4. Decken Sie diese Bananen-Joghurt-Mischung ab und lassen Sie sie 30 Minuten lang stehen.
5. In der Zwischenzeit Zimt, Mehl, Zucker, Backpulver, Hafermehl, Salz, Backpulver, Kokosnussöl, Nelken und Muskatnuss in einem Mixer mischen.
6. Geben Sie nun langsam die Bananenpüree-Mischung zum Mehl und mischen Sie weiter, bis die Masse glatt ist.
7. Die Nüsse unterheben und vorsichtig mischen, bis sie gleichmäßig eingearbeitet sind.
8. Verteilen Sie diesen Bananen-Nuss-Teig in der vorbereiteten Laibform.
9. Im vorgeheizten Big Green Egg Cooker 25 Minuten lang backen.
10. In Scheiben schneiden und servieren.

Nährwertangaben pro Portion:

- Kalorien 331
- Fett gesamt 2,5 g

- Gesättigtes Fett 0,5 g
- Cholesterin 35 mg
- Natrium 595 mg
- Kohlenhydrate gesamt 69 g

- Faser 12,2 g
- Zucker 12,5 g
- Eiweiß 8,7g

Peperoni Omelette

Portionieren: 6
Vorbereitungszeit: 5 Minuten
Kochzeit: 15 Minuten

Zutaten:

- 6 Eier
- 15 Peperoni-Scheiben
- 2 Esslöffel Butter

- 4 Esslöffel Sahne
- Salz, nach Geschmack
- Schwarzer Pfeffer, nach Geschmack

Methode:

1. Stellen Sie die Temperatur des Big Green Egg Kochers auf 350 Grad F mit convEGGtor ein.
2. Mischen Sie alle Zutaten in einer Schüssel und geben Sie sie in eine gebutterte Pfanne.
3. Backen Sie die Eimischung im vorgeheizten Big Green Egg Cooker für 15 Minuten.
4. Warm servieren.

Nährwertangaben pro Portion:

- Kalorien 170
- Fett gesamt 14,7 g
- Gesättigtes Fett 4,4 g
- Cholesterin 190 mg
- Natrium 346 mg

- Kohlenhydrate gesamt 0,6 g
- Faser 0 g
- Zucker 0,5 g
- Eiweiß 8,8 g

Butter-Eier

Portionieren: 3
Vorbereitungszeit: 5 Minuten
Kochzeit: 10 Minuten

Zutaten:

- 4 Eier
- 1 Esslöffel Butter
- Salz, nach Geschmack
- Schwarzer Pfeffer, nach Geschmack

Methode:

1. Stellen Sie die Temperatur des Big Green Egg Kochers auf 350 Grad F mit convEGGtor ein.
2. Schlagen Sie alle Zutaten für das Butter-Ei in einer Backform auf.
3. Backen Sie die Eiermischung 10 Minuten lang im vorgeheizten Big Green Egg Cooker
4. Warm mit Toasts servieren.

Nährwertangaben pro Portion:

- Kalorien 118
- Fett gesamt 9,7 g
- Gesättigtes Fett 4,3 g
- Cholesterin 228 mg
- Natrium 160 mg
- Kohlenhydrate gesamt 0,5 g
- Faser 0 g
- Zucker 0,5 g
- Eiweiß 7,4 g

Rosinen-Muffins

Portionieren: 6
Vorbereitungszeit: 10 Minuten
Zubereitungszeit: 22 Minuten

Inhaltsstoffe

- 1 Tasse Weizenkleie
- 1 Tasse kochendes Wasser
- 4 oz. normaler, fettfreier griechischer Joghurt
- 2 große Eier
- 1 ½ Tasse Weizenvollkornmehl
- 5 1/2 oz. Allzweckmehl
- ¾ Tasse Zucker
- ½ Unze gemahlener Zimt
- 2 Teelöffel Backpulver
- 3/4 Teelöffel koscheres Salz
- 1/4 Teelöffel Backpulver
- 1/8 Teelöffel geriebene Muskatnuss
- 6 oz. Butter
- 1 Tasse goldene Rosinen
- 3/4-Unze Leinsamen

Methode:

1. Stellen Sie die Temperatur des Big Green Egg Kochers auf 400 Grad F mit convEGGtor ein.
2. Mischen Sie Weizenkleie mit kochendem Wasser in einer Schüssel und lassen Sie es 5 Minuten stehen.
3. Geben Sie Eier, Weizenmehl, Zucker, griechischen Joghurt, Zimt, Salz, Backpulver, Butter und Muskatnuss in die Weizenkleie und mischen Sie alles in einem Mixer gut durch.
4. Rosinen einrühren und den Teig vorsichtig mischen.
5. Verteilen Sie diesen Kleie-Muffin-Teig auf 12 gefettete Muffinförmchen.
6. Im vorgeheizten Big Green Egg Cooker 18 Minuten lang backen.
7. Frisch servieren.

Nährwertangaben pro Portion:

- Kalorien 212
- Fett gesamt 11,8 g
- Gesättigtes Fett 2,2 g
- Cholesterin 23mg
- Natrium 321 mg
- Kohlenhydrate gesamt 14,6 g
- Ballaststoffe 4,4 g
- Zucker 8 g
- Eiweiß 17,3 g

Schinken Spinat

Portionieren: 4
Vorbereitungszeit: 5 Minuten
Kochzeit: 25 Minuten

Zutaten:

- 14 Unzen Schinken, in Scheiben geschnitten
- 8 Teelöffel Sahne
- 2 Esslöffel ungesalzene Butter, geschmolzen
- 1½ Pfund frischer Babyspinat
- Salz nach Geschmack
- Schwarzer Pfeffer, nach Geschmack

Methode:

1. Stellen Sie die Temperatur des Big Green Egg Kochers mit convEGGtor auf 360 Grad F ein.
2. Schmelzen Sie die Butter in einer Pfanne und geben Sie den Spinat dazu, um ihn 3 Minuten lang zu kochen.
3. Buttern Sie 4 Auflaufformen aus und geben Sie eine Schinkenscheibe in jede Auflaufform.
4. Geben Sie den Schinken mit Spinat und Sahne in jede Auflaufform.
5. Streuen Sie Salz und Pfeffer darüber.
6. Backen Sie dann für 25 Minuten im vorgeheizten Big Green Egg Cooker.
7. Warm servieren.

Nährwertangaben pro Portion:

- Kalorien 171
- Fett gesamt 10,3 g
- Gesättigtes Fett 4,6 g
- Cholesterin 49 mg
- Natrium 1008 mg
- Kohlenhydrate gesamt 6,8 g
- Faser 3,4 g
- Zucker 0,6 g
- Eiweiß 14,3 g

Zwiebel-Tofu-Rührei

Portionieren: 4
Vorbereitungszeit: 5 Minuten
Kochzeit: 20 Minuten

Zutaten:

- 1 Block Tofu, gepresst und in 1-Zoll-Stücke gewürfelt
- 1 mittelgroße Zwiebel, in Scheiben geschnitten
- 1 Esslöffel Butter
- ½ Tasse Cheddar-Käse, gerieben
- Salz nach Geschmack,
- Schwarzer Pfeffer, nach Geschmack

Methode:

1. Stellen Sie die Temperatur des Big Green Egg Kochers auf 350 Grad F mit convEGGtor ein.
2. Würzen Sie die Tofuwürfel in einer Schüssel mit Salz und schwarzem Pfeffer.
3. Geben Sie alle Zutaten in eine gebutterte Backform.
4. Backen Sie die Tofu-Mischung im vorgeheizten Big Green Egg Cooker für 20 Minuten.
5. Mit warmem Brot genießen.

Nährwertangaben pro Portion:

- Kalorien 109
- Fett gesamt 8,5 g
- Gesättigtes Fett 5 g
- Cholesterin 22 mg
- Natrium 112 mg
- Kohlenhydrate gesamt 3,2 g
- Faser 0,8 g
- Zucker 1,4 g
- Eiweiß 5,7 g

Heidelbeer-Zitronen-Scones

Portionieren: 6
Vorbereitungszeit: 10 Minuten
Kochzeit: 25 Minuten

Inhaltsstoffe

- 2 Tassen Allzweckmehl
- 1 Esslöffel Backpulver
- 2 Teelöffel Zucker
- 1 Teelöffel koscheres Salz
- 2 oz. raffiniertes Kokosnussöl
- 1 Tasse frische Heidelbeeren
- ¼ Unze Zitronenschale
- 8 oz. Kokosnussmilch

Methode:

1. Stellen Sie die Temperatur des Big Green Egg Kochers auf 400 Grad F mit convEGGtor ein.
2. Mischen Sie Kokosöl mit Salz, Zucker, Backpulver und Mehl in einer Küchenmaschine.
3. Geben Sie diese Mehlmischung in eine Rührschüssel.
4. Geben Sie nun die Kokosmilch und die Zitronenschale zur Mehlmischung und verrühren Sie diese gut.
5. Blaubeeren unterheben und den Teig gut verrühren, bis er glatt ist.
6. Streichen Sie diesen Blaubeerteig zu einer 7-Zoll-Runde und legen Sie ihn in eine Form.
7. Stellen Sie den Blaubeerteig 15 Minuten lang in den Kühlschrank und schneiden Sie ihn dann in 6 Keile.
8. Legen Sie das Kochfeld mit einem Pergamentpapier aus.
9. Legen Sie die Heidelbeerscheiben in die ausgekleidete Garschale.
10. Im vorgeheizten Big Green Egg Cooker 25 Minuten lang backen.
11. Frisch servieren.

Nährwertangaben pro Portion:

- Kalorien 412
- Fett gesamt 24,8 g
- Gesättigtes Fett 12,4 g
- Cholesterin 3 mg
- Natrium 132 mg
- Kohlenhydrate gesamt 43,8 g
- Ballaststoffe 3,9 g
- Zucker 2,5 g
- Eiweiß 18,9 g

Sahne-Soufflé

Portion: 2
Vorbereitungszeit: 5 Minuten
Kochzeit: 6 Minuten

Zutaten:

- 1 frische rote Chilischote, gehackt
- Salz, nach Geschmack
- 2 Esslöffel helle Sahne
- 2 Eier
- Grüne Zwiebeln, gehackt, zum Garnieren

Methode:

1. Stellen Sie die Temperatur des Big Green Egg Kochers mit convEGGtor auf 390 Grad F ein.
2. Fetten Sie 2 Auflaufformen mit Kochspray ein.
3. Verquirlen Sie alle Zutaten in einer Schüssel miteinander.
4. Gießen Sie die Mischung in die Soufflé-Formen.
5. Backen Sie sie für 6 Minuten im vorgeheizten Big Green Egg Cooker.
6. Mit Frühlingszwiebeln garnieren.
7. Mit knusprigem Speck servieren.

Nährwertangaben pro Portion:

- Kalorien 108
- Fett gesamt 9 g
- Gesättigtes Fett 4,3 g
- Cholesterin 180 mg
- Natrium 146 mg
- Kohlenhydrate gesamt 1,1 g
- Faser 0,1 g
- Zucker 0,5 g
- Eiweiß 6 g

Kapitel 4: Snacks-Rezepte

Gebratene Salsa

Portionieren: 6
Vorbereitungszeit: 10 Minuten
Kochzeit: 20 Minuten

Zutaten:

- 2 Paprikaschoten, geviertelt
- 4 Beefsteak-Tomaten, geviertelt
- 2 Jalapeños, geviertelt
- 3 Knoblauchzehen, gewürfelt
- 3 Frühlingszwiebeln, in Scheiben geschnitten
- 2 Limetten, in Scheiben geschnitten
- 1 Bund Koriander, gehackt

Methode:

1. Heizen Sie den Big Green Egg Cooker auf 375 Grad F ohne ConvEGGtor vor.
2. Ordnen Sie die in Scheiben geschnittenen Tomaten, Paprika, Knoblauch, grüne Zwiebeln und Jalapenos auf dem Grill des Big Green Egg Cookers an.
3. Grillen Sie das Gemüse für 5-10 Minuten pro Seite, bis es leicht verkohlt ist.
4. Geben Sie das Gemüse in einen Mixer und fügen Sie Koriander und Limettensaft hinzu.
5. Pürieren Sie die Mischung.
6. Servieren Sie es mit Ihren Lieblingschips.

Nährwertangaben pro Portion:

- Kalorien 149
- Fett gesamt 11,9 g
- Gesättigtes Fett 1,7 g
- Cholesterin 78 mg
- Natrium 79 mg
- Kohlenhydrate gesamt 12,8 g
- Faser 1,1 g
- Zucker 20,3 g
- Eiweiß 5 g

Büffel-Blumenkohl

Portionieren: 4
Vorbereitungszeit: 10 Minuten
Kochzeit: 20 Minuten

Inhaltsstoffe

- 1 großer Kopf Blumenkohl, in Stücke geschnitten
- 1 Tasse Allzweckmehl
- 1 Teelöffel veganes Bouillon-Granulat
- 1/4 Teelöffel Cayennepfeffer
- 1/4 Teelöffel Chilipulver
- 1/4 Teelöffel Paprika
- 1/4 Teelöffel getrocknete Chipotle-Chiliflocken
- 1 Tasse Sojamilch
- Rapsöl-Spray
- 2 Esslöffel milchfreie Butter
- 1/2 Tasse Cayennepfeffer-Sauce
- 2 Knoblauchzehen, gehackt

Methode:

1. Heizen Sie den Big Green Egg Cooker auf 350 Grad F mit convEGGtor vor.
2. Mehl mit Cayenne, Chilipulver, Brühegranulat, Chipotle-Flocken und Paprika in einer großen Schüssel verquirlen.
3. Gießen Sie nach und nach die gesamte Milch hinein und mischen Sie gut, bis ein glatter Teig entsteht.
4. Geben Sie die Blumenkohlstücke in den Mehlteig und mischen Sie sie, bis sie gut bedeckt sind.
5. Legen Sie diese Blumenkohlstücke in eine gefettete Backform.
1. Backen Sie sie für 20 Minuten im vorgeheizten Big Green Cooker.
6. In der Zwischenzeit Butter in einem kleinen Topf schmelzen und Knoblauch und scharfe Soße hinzufügen.
7. Kochen Sie diese Mischung unter Rühren, bis sie eindickt.
8. Diese Sauce über den luftgebratenen Blumenkohl gießen und warm servieren.

Nährwertangaben pro Portion:

- Kalorien 101
- Fett gesamt 2,2 g
- Gesättigtes Fett 2,4 g
- Cholesterin 110 mg
- Natrium 276 mg
- Kohlenhydrate gesamt 25 g
- Faser 1,4 g
- Zucker 1,4 g
- Eiweiß 8,8 g

Geräuchertes Kartoffelpüree

Portion: 2
Vorbereitungszeit: 10 Minuten
Kochzeit: 20 Minuten

Zutaten:

- Olivenöl
- Meersalz und schwarzer Pfeffer, nach Geschmack
- 1-1/2 Pfund kleine rote neue Kartoffeln
- 2 Esslöffel Butter, erweicht

Methode:

1. Reinigen Sie die Kartoffeln, tupfen Sie sie trocken und legen Sie sie auf ein Blech.
2. Reiben Sie die roten Kartoffeln mit Olivenöl, Salz und Pfeffer ein.
3. Heizen Sie den Big Green Egg Cooker auf 350 Grad F mit convEGGtor vor.
4. Legen Sie die Kartoffeln auf das große grüne Ei und kochen Sie sie 20 Minuten lang.
5. Einmal gekocht, lassen Sie die Kartoffeln und entfernen Sie die Schale.
6. Die Kartoffeln in einer Schüssel zerdrücken und Salz, Pfeffer und Butter unterheben.
7. Servieren und genießen.

Nährwertangaben pro Portion:

- Kalorien 113
- Fett gesamt 4 g
- Gesättigtes Fett 8 g
- Cholesterin 81 mg
- Natrium 162 mg
- Kohlenhydrate gesamt 23 g
- Faser 2,7 g
- Zucker 1 g
- Eiweiß 2 g

Ahorn glasierte geräucherte Ananas

Portion: 2
Vorbereitungszeit: 10 Minuten
Kochzeit: 20 Minuten

Zutaten:

- 1 ganze Ananas, geschält und in Ringe geschnitten
- 2 bis 3 Esslöffel reiner Ahornsirup
- 1 Teelöffel koscheres Salz

Methode:

1. Heizen Sie den Big Green Egg Cooker auf 350 Grad F mit convEGGtor vor.
2. Verteilen Sie die Ananasringe auf einem Blech und gießen Sie den Ahornsirup darüber.
3. Legen Sie die Ringe auf den großen grünen Eierkocher und streuen Sie Salz darüber.
4. Setzen Sie das Gestell wieder in den Big Green Egg-Kocher ein.
5. Backen Sie die Ringe für 20 Minuten.
6. Servieren.

Nährwertangaben pro Portion:

- Kalorien 179
- Fett gesamt 29,7 g
- Gesättigtes Fett 8,6 g
- Cholesterin 141 mg
- Natrium 193 mg
- Total Kohlenhydrate 23.7g
- Faser 0,4 g
- Zucker 1,3 g
- Eiweiß 0,2 g

Ranch Grünkohl-Chips

Portionieren: 6
Vorbereitungszeit: 10 Minuten
Kochzeit: 5 Minuten

Inhaltsstoffe

- 2 Esslöffel Olivenöl
- 4 Tassen Grünkohlblätter
- 2 Teelöffel Veganes Ranch-Gewürz
- 1 Esslöffel Nährhefeflocken
- 1/4 Teelöffel Salz

Methode:

2. Heizen Sie den Big Green Egg Cooker auf 350 Grad F mit convEGGtor vor.
3. Schwenken Sie die Grünkohlblätter mit Öl, Hefe und Ranch-Gewürz in einer großen Schüssel.
4. Verteilen Sie die gewürzten Grünkohlblätter auf dem Backblech.
5. Backen Sie die Grünkohlblätter im vorgeheizten Big Green Cooker für 5 Minuten.
6. Warm servieren.

Nährwertangaben pro Portion:

- Kalorien 113
- Fett gesamt 4 g
- Gesättigtes Fett 8 g
- Cholesterin 81 mg
- Natrium 162 mg
- Kohlenhydrate gesamt 13 g
- Faser 2,7 g
- Zucker 1 g
- Eiweiß 2 g

Käsestäbchen

Portionieren: 6
Vorbereitungszeit: 10 Minuten
Kochzeit: 10 Minuten

Inhaltsstoffe

- 6 Käsestangen
- 2 große Eier
- 1/4 Tasse Weizenvollkornmehl
- 1/4 Tasse Parmesankäse, gerieben

- 1 Teelöffel italienisches Gewürz
- 1 Teelöffel Knoblauchpulver
- 1/4 Teelöffel gemahlener Rosmarin

Methode:

1. Heizen Sie den Big Green Egg Cooker auf 350 Grad F ohne convEGGtor vor.
2. Verquirlen Sie die Eier in einer flachen Schüssel und stellen Sie sie beiseite.
3. Mehl mit Käse und Gewürzen in einer anderen flachen Schüssel mischen.
4. Tauchen Sie die Käsestangen in die Eier und bestreichen Sie sie mit der Mehlmischung.
5. Übertragen Sie diese Käsesticks in den Air Fryer.
6. Grillen Sie die Käsesticks im vorgeheizten Big Green Cooker für 5 Minuten pro Seite.
7. Warm servieren.

Nährwertangaben pro Portion:

- Kalorien 179
- Fett gesamt 29,7 g
- Gesättigtes Fett 8,6 g
- Cholesterin 141 mg
- Natrium 193 mg

- Total Kohlenhydrate 13.7g
- Faser 0,4 g
- Zucker 1,3 g
- Eiweiß 10,2 g

Gefüllte Kartoffeln mit Schweinefleisch

Portionieren: 4
Vorbereitungszeit: 10 Minuten
Kochzeit: 30 Minuten

Zutaten:

- 1/2 - 3/4 lb. Pulled Pork
- 2 rostige Kartoffeln
- 1/3 Tasse saure Sahne
- 4 oz. Frischkäse
- 1/3 Tasse Cheddar-Käse
- ½ Tasse Schnittlauch, gehackt
- BBQ-Sauce nach Geschmack

Methode:

1. Heizen Sie den Big Green Egg Cooker auf 325 Grad F ohne convEGGtor vor.
2. Legen Sie die Kartoffeln für 30 Minuten in den Big Green Egg Cooker und drehen Sie sie dabei alle 5 Minuten.
3. Schneiden Sie jede Kartoffel in zwei Hälften und heben Sie das Fruchtfleisch aus der Mitte heraus, lassen Sie die Schale aber intakt.
4. Mischen Sie das Kartoffelfleisch mit Cheddar-Käse, Frischkäse, saurer Sahne, BBQ-Sauce und Pulled Pork in einer Schüssel.
5. Löffeln Sie das Kartoffelpüree in die Kartoffelschale.
6. Die gefüllten Kartoffeln in den Big Green Egg Cooker mit ConvEGGtor geben und 10 Minuten garen.
7. Belegen Sie sie mit Cheddar-Käse, Schnittlauch und BBQ-Sauce.
8. Warm servieren.

Nährwertangaben pro Portion:

- Kalorien 148
- Fett gesamt 22,4 g
- Gesättigtes Fett 10,1 g
- Cholesterin 320 mg
- Natrium 350 mg
- Kohlenhydrate gesamt 32,2 g
- Faser 0,7 g
- Zucker 0,7 g
- Eiweiß 4,3 g

Kochbananen Chips

Portionieren: 4
Vorbereitungszeit: 10 Minuten
Kochzeit: 10 Minuten

Inhaltsstoffe

- 2 reife Kochbananen, in Scheiben geschnitten
- 2 Teelöffel Avocadoöl
- 1/8 Teelöffel Salz

Methode:

1. Heizen Sie den Big Green Egg Cooker auf 350 Grad F mit convEGGtor vor.
2. Schwenken Sie die Kochbananen vorsichtig mit Öl und Salz in einer Schüssel.
3. Verteilen Sie die Chips auf einem Backblech.
4. Backen Sie die Pommes frites im vorgeheizten Big Green Cooker für 5 Minuten pro Seite.
5. Frisch servieren.

Nährwertangaben pro Portion:

- Kalorien 168
- Fett gesamt 6 g
- Gesättigtes Fett 1,2 g
- Cholesterin 351 mg
- Natrium 103 mg
- Kohlenhydrate gesamt 72,8 g
- Faser 9,2 g
- Zucker 32,9 g
- Eiweiß 7,2 g

Kapitel 5: Geflügel-Rezepte

Hühnerauflauf

Portionieren: 4
Vorbereitungszeit: 10 Minuten
Kochzeit: 40 Minuten

Inhaltsstoffe

- 1 Dose (14,5 oz.) Dosentomaten, gewürfelt
- 1 Esslöffel Olivenöl
- 1 gelbe Zwiebel, gehackt
- 3 Knoblauchzehen, gehackt
- 1 Teelöffel getrockneter Oregano
- 1 Teelöffel italienisches Gewürz
- 2 Esslöffel gehackte frische Petersilie
- 4 Hähnchenbrüste ohne Knochen und ohne Haut
- Salz und frisch gemahlener Pfeffer, nach Geschmack
- 3/4 Tasse geriebener Gruyere-Käse
- 1 Esslöffel gehackte frische Petersilie, zum Garnieren

Methode:

1. Heizen Sie den Big Green Egg Cooker auf 300 Grad F mit convEGGtor vor.
2. Fetten Sie die Auflaufform mit Kochspray ein.
3. Vermengen Sie die Tomaten mit Olivenöl, Knoblauch, Zwiebeln, italienischen Gewürzen, Oregano und Petersilie in einer Schüssel.
4. Verteilen Sie diese Tomatenmischung in der vorbereiteten Auflaufform.
5. Reiben Sie das Hähnchen mit Salz und schwarzem Pfeffer ein und legen Sie es über die Tomaten.
6. Backen Sie das Hähnchen im vorgeheizten Green Egg Cooker für 35 Minuten.
7. Beträufeln Sie das Hähnchen mit dem Käse und backen Sie es 5 Minuten lang.
8. Warm servieren.

Nährwertangaben pro Portion:

- Kalorien 297
- Fett gesamt 14 g
- Gesättigtes Fett 5 g
- Cholesterin 99 mg
- Natrium 364 mg
- Kohlenhydrate gesamt 8 g
- Faser 1 g
- Zucker 3 g
- Eiweiß 32 g

BBQ-Hähnchenflügel

Portionieren: 8
Vorbereitungszeit: 10 Minuten
Garzeit: 2 Std. 10 Minuten

Zutaten:

Für die Flügel:

- 4 Pfund Hähnchenflügel ohne Spitzen, Drumettes und Flats getrennt
- 3 Esslöffel Paprika
- 1 Esslöffel Chilipulver
- 4 Teelöffel koscheres Salz
- 1 Esslöffel Zwiebelpulver
- 1 Esslöffel Knoblauchpulver
- 1 Teelöffel Senfpulver
- 1 Teelöffel Chipotle-Chili-Pulver

Für die Barbecue-Sauce:

- 1 Esslöffel Barbecue-Sauce
- 2 Esslöffel Butter (ungesalzen)
- 1 Esslöffel mild gewürzte Melasse
- 1 Esslöffel Texas Pete Hot Sauce
- koscheres Salz, nach Geschmack

Methode:

1. Heizen Sie den Big Green Egg Cooker auf 225 Grad F mit convEGGtor vor.
2. Mischen und verquirlen Sie in der Zwischenzeit alle Gewürze in einer kleinen Schüssel.
3. Legen Sie die Flügel in ein Blech und reiben Sie beide Seiten der Flügel mit der Gewürzmischung ein.
4. Lassen Sie sie für 15 bis 20 Minuten marinieren.
5. Legen Sie die Flügel in den Big Green Egg Cooker und räuchern Sie sie, bis sie eine Innentemperatur von 160 F erreichen.
6. Mischen Sie alle Zutaten für die BBQ-Sauce in einem Kochtopf und kochen Sie sie, bis sie eindickt.
7. Die Wings von beiden Seiten mit der BBQ-Sauce bestreichen und weitere 5 bis 10 Minuten räuchern.
8. Warm servieren.

Nährwertangaben pro Portion:

- Kalorien 380
- Fett gesamt 20 g
- Gesättigtes Fett 5 g
- Cholesterin 151 mg
- Natrium 686 mg
- Kohlenhydrate gesamt 33 g

- Faser 1 g
- Zucker 1,2 g

- Eiweiß 21 g

Orange gefüllter Truthahn

Portionieren: 8
Vorbereitungszeit: 10 Minuten
Kochzeit: 6 ½ Stunden

Zutaten:

- 1 (12 bis 14 Pfund) ganzer Truthahn, gereinigt
- 2 Esslöffel getrockneter Thymian
- 1 Esslöffel pulverisierter Salbei
- 2 Teelöffel getrockneter Oregano
- 2 Teelöffel Paprika
- 2 Teelöffel Meersalz

- 1-1/2 Teelöffel gemahlener schwarzer Pfeffer
- 1 Teelöffel getrockneter Rosmarin
- 1 Teelöffel Zwiebel- oder Knoblauchpulver
- Schale von 1/2 Orange
- 1/4 Tasse natives Olivenöl extra

Methode:

1. Heizen Sie den Big Green Egg Cooker auf 225 Grad F mit convEGGtor vor.
2. Mischen Sie Gewürze und trockene Kräuter in einer kleinen Schüssel.
3. Reiben Sie den Truthahn von innen großzügig mit 1/3 der Würzmischung ein.
4. Verquirlen Sie die restlichen Gewürze mit dem Olivenöl und der Orangenschale.
5. Reiben Sie diese Mischung über den Truthahn. Stecken Sie die Putenflügel darunter.
6. Legen Sie den Truthahn in den Big Green Egg Cooker.
7. Bedecken Sie den Deckel und kochen Sie für 6 und eine 1/2 Stunde.
8. Lassen Sie es rauchen, bis die Innentemperatur 165 Grad F erreicht.
9. Nach dem Garen nehmen Sie den Truthahn heraus und lassen ihn 20 Minuten ruhen.
10. Tranchieren und servieren.

Nährwertangaben pro Portion:

- Kalorien 352
- Fett gesamt 14 g
- Gesättigtes Fett 2 g
- Cholesterin 65 mg
- Natrium 220 mg

- Kohlenhydrate gesamt 15,8 g
- Faser 0,2 g
- Zucker 1 g
- Eiweiß 26 g

Thanksgiving-Truthahn

Portionieren: 8
Vorbereitungszeit: 10 Minuten
Garzeit: 6 und 1/2 Stunden

Zutaten:

- 1 (12 bis 14 Pfund) ganzer Truthahn
- 3 Esslöffel Olivenöl
- 3 Esslöffel ungesalzene Butter
- 2 Zehen frischer Knoblauch, gehackt
- 2 Esslöffel getrockneter Thymian
- 1 Esslöffel pulverisierter Salbei
- 2 Teelöffel getrockneter Oregano
- 2 Teelöffel Paprika
- 2 Teelöffel Meersalz
- 1-1/2 Teelöffel gemahlener schwarzer Pfeffer
- 1 Teelöffel getrockneter Rosmarin
- 1 Apfel in Viertel geschnitten
- 1 Zitrone oder Orange, in Viertel geschnitten
- 1 mittelgroße Zwiebel, halbiert

Methode:

1. Heizen Sie den Big Green Egg Cooker auf 300 Grad F mit convEGGtor vor.
2. Mischen Sie alle Gewürze, Kräuter, Knoblauch, weiche Butter und Olivenöl.
3. Reiben Sie den Truthahn innen mit 1/3 dieser Mischung ein.
4. Geben Sie die Zwiebel und die Früchte in den Hohlraum des Truthahns.
5. Bestreichen Sie die Außenseite mit der restlichen Mischung und dem Fett.
6. Die Flügel des Truthahns einklappen und mit der Fettseite nach oben auflegen.
7. Digitalthermometer in das Fleisch einführen und in den Kocher legen
8. Bedecken Sie den Deckel und lassen Sie ihn 6 und 1/2 Stunden lang rauchen.
9. Kochen Sie, bis das Thermometer 165 Grad F erreicht.
10. Lassen Sie das gekochte Fleisch 20 Minuten lang ruhen.
11. In Scheiben schneiden und servieren.

Nährwertangaben pro Portion:

- Kalorien 231
- Fett gesamt 20,1 g
- Gesättigtes Fett 2,4 g
- Cholesterin 110 mg
- Natrium 941 mg
- Kohlenhydrate gesamt 30,1 g
- Faser 0,9 g
- Zucker 1,4 g
- Eiweiß 14,6 g

Sesam-Hühnchen-Tender

Portionieren: 6
Vorbereitungszeit: 10 Minuten
Kochzeit: 1Stunde

Zutaten:

- 4 Pfund Hähnchenteile abgespült und trocken getupft
- ½ Tasse Sojasauce
- ½ Tasse Pflanzenöl
- ¼ Tasse Wasser
- 1 ½ Esslöffel Sesamsamen
- 2 Teelöffel gehackter Knoblauch
- ¾ Teelöffel frisch geriebene, geschälte Ingwerwurzel
- ¼ Teelöffel Cajun-Gewürz
- jane's Krazy Mischsalz, nach Geschmack

Methode:

1. Heizen Sie den Big Green Egg Cooker auf 225 Grad F mit convEGGtor vor.
2. Mischen Sie Sesamsamen, Pflanzenöl, Sojasauce, Cajun-Gewürz, Krazy-Salz und Wasser in einer Schüssel.
3. Legen Sie die Tender in den Ziplock-Beutel und geben Sie die Gewürzmischung hinein. Gut schütteln.
4. Verschließen Sie die Beutel und stellen Sie sie für 8 Stunden in den Kühlschrank.
5. Nehmen Sie die Tender aus der Marinade und legen Sie sie in den Big Green Egg Cooker.
6. 1 Stunde lang bissfest kochen.
7. Warm servieren.

Nährwertangaben pro Portion:

- Kalorien 301
- Fett gesamt 15,8 g
- Gesättigtes Fett 2,7 g
- Cholesterin 75 mg
- Natrium 189 mg
- Kohlenhydrate gesamt 31,7 g
- Faser 0,3 g
- Zucker 0,1 g
- Eiweiß 28,2 g

Gefüllte geräucherte Hühner

Portionieren: 10
Vorbereitungszeit: 10 Minuten
Kochzeit: 2 ½ Stunden

Zutaten:

- 4 ganze kornische Wildhühner
- 1/4 Tasse natives Olivenöl extra
- 3 Orangen in Viertel geschnitten
- 4 Teelöffel Meersalz
- 2 Teelöffel gebrochener schwarzer Pfeffer
- 2 Teelöffel getrockneter Thymian

Methode:

1. Heizen Sie den Big Green Egg Cooker auf 250 Grad F mit convEGGtor vor.
2. Spülen Sie die Hühner ab und tupfen Sie sie trocken.
3. Lassen Sie die Hühner etwa 30 Minuten bei Raumtemperatur ruhen.
4. Mischen Sie das Olivenöl mit den Gewürzen in einer Schüssel.
5. Die Hühner von innen und außen mit der Gewürzmischung bestreichen.
6. Füllen Sie die Hühner mit 3 Orangenvierteln. Binden Sie die Beine mit einem Metzgerwein zusammen.
7. Legen Sie die Hühner in den großen grünen Eierkocher.
8. 2 Stunden und 30 Minuten kochen, bis die Innentemperatur 165 Grad F erreicht.
9. Decken Sie die Hühner mit Folie ab und lassen Sie sie 15 bis 20 Minuten ruhen.
10. Halbieren Sie die Orangen und entfernen Sie sie.
11. Warm servieren.

Nährwertangaben pro Portion:

- Kalorien 440
- Fett gesamt 7,9 g
- Gesättigtes Fett 1,8 g
- Cholesterin 5 mg
- Natrium 581 mg
- Kohlenhydrate gesamt 21,8 g
- Zucker 7,1 g
- Faser 2,6 g
- Eiweiß 37,2 g

Putenbrust mit Rosmarin

Portionieren: 10
Vorbereitungszeit: 10 Minuten
Kochzeit: 4Stunden 5 Minuten

Zutaten:

- 1 (64-oz.) Flasche Apfelwein
- 3/4 Tasse koscheres Salz
- 1/2 Tasse Zucker
- 1/4 Tasse Apfelessig
- 3 (4-Zoll) frische Thymianzweige
- 2 (4-Zoll) frische Rosmarinzweige
- 10 frische Salbeiblätter
- 1 Knoblauchknolle, kreuzweise halbiert
- 4 Tassen Eiswürfel
- 1 (5 3/4- bis 6-lb.) Putenbrust mit Knochen
- 4 Hickoryholz-Stücke

Methode:

1. Heizen Sie den Big Green Egg Cooker auf 225 Grad F mit convEGGtor vor
2. Apfelsaft, Essig, Salz und Zucker, Zweige, Salbei und Knoblauchknolle in einen Suppentopf geben.
3. Bringen Sie diese Essigmischung bei mittlerer bis hoher Hitze zum Kochen.
4. Reduzieren Sie die Hitze auf mittlere Stufe und lassen Sie sie 5 Minuten lang köcheln.
5. Nehmen Sie die Mischung vom Herd und fügen Sie Eiswürfel hinzu.
6. Legen Sie den Truthahn in die Salzlake und decken Sie ihn ab. Für 12 Stunden in den Kühlschrank stellen.
7. Nehmen Sie den Truthahn aus der Salzlake und tupfen Sie ihn mit dem Papiertuch trocken.
8. Legen Sie den Truthahn in den Big Green Egg Cooker und garen Sie ihn 4 Stunden lang.
9. In Scheiben schneiden und servieren.

Nährwertangaben pro Portion:

- Kalorien 297
- Fett gesamt 14 g
- Gesättigtes Fett 5 g
- Cholesterin 99 mg
- Natrium 364 mg
- Kohlenhydrate gesamt 8 g
- Faser 1 g
- Zucker 3 g
- Eiweiß 32 g

Hähnchen-Filetstücke

Portionieren: 4
Vorbereitungszeit: 10 Minuten
Kochzeit: 12 Minuten

Inhaltsstoffe

- 1 Ei
- ½ Tasse trockene Brotkrümel
- 2 Esslöffel Pflanzenöl
- 8 Hähnchenfilets

Methode:

1. Heizen Sie den Big Green Egg Cooker auf 350 Grad F mit convEGGtor vor.
2. Ei in einer Schüssel verquirlen und in einer anderen Schüssel Brösel mit Öl mischen.
3. Tauchen Sie das Huhn zuerst in das Ei und bestreichen Sie es dann gut mit der Bröselmischung.
4. Backen Sie das Hähnchen im vorgeheizten Green Egg Cooker für 6 Minuten pro Seite.
5. Warm servieren.

Nährwertangaben pro Portion:

- Kalorien 352
- Fett gesamt 14 g
- Gesättigtes Fett 2 g
- Cholesterin 65 mg
- Natrium 220 mg
- Kohlenhydrate gesamt 15,8 g
- Faser 0,2 g
- Zucker 1 g
- Eiweiß 26 g

Gefüllte Ente mit Mandarinen

Portionieren: 6
Vorbereitungszeit: 10 Minuten
Kochzeit: 4 Stunden

Zutaten:

- 6 lb. ganze Ente, gesäubert
- 2 Esslöffel Honig
- 1 kleine Zwiebel, geviertelt
- 1 Esslöffel Sojasauce

- 2 kleine Mandarin-Orangen, geviertelt
- Pfeffer und Salz nach Geschmack

Für Glasur

- 1 Esslöffel Melasse
- 1 Esslöffel Honig
- 1 Esslöffel Balsamico-Essig

- 2 Esslöffel Orangensaft
- Schale von 1 Orange
- Prise Pfeffer und Salz

Methode:

1. Heizen Sie den Big Green Egg Cooker auf 325 Grad F mit convEGGtor vor.
2. Waschen und tupfen Sie die Ente von innen und außen trocken.
3. Ritzen Sie die Haut der Ente mit einer Gabel oder einem scharfen Messer ein.
4. Bestreichen Sie die Ente mit Sojasauce, Honig, Pfeffer und Salz.
5. Füllen Sie die Ente mit Zwiebel und Mandarine.
6. Stellen Sie die Ente zum Marinieren über Nacht in den Kühlschrank.
7. Mischen Sie alle Zutaten für die Glasur in einer Schüssel.
8. Die marinierte Ente mit der vorbereiteten Glasur bestreichen.
9. Legen Sie die vorbereitete Ente auf das Big Green Egg-Gargestell und räuchern Sie sie, bis das Fleisch al dente ist.
10. Warm servieren.

Nährwertangaben pro Portion:

- Kalorien 361
- Fett gesamt 16,3 g
- Gesättigtes Fett 4,9 g
- Cholesterin 114 mg
- Natrium 515 mg

- Kohlenhydrate gesamt 19,3 g
- Faser 0,1 g
- Zucker 18,2 g
- Eiweiß 33,3 g

Kapitel 6: Rezepte für Rind-, Lamm- und Schweinefleisch

Geräucherter Tri-Tip-Braten

Portionieren: 4
Vorbereitungszeit: 10 Minuten
Kochzeit: 2 Stunden

Zutaten:

- 1 (2 bis 3) Pfund Tri-Tip-Braten
- 2 Teelöffel Meersalz
- 1-1/2 Teelöffel mildes Chilipulver
- 1 Teelöffel schwarzer Pfeffer
- 1 Teelöffel brauner Zucker
- 1 Teelöffel Espressopulver
- 1 Teelöffel Zwiebelpulver
- 1/2 Teelöffel Knoblauchpulver

Methode:

1. Heizen Sie den Big Green Egg Cooker auf 225 Grad F mit convEGGtor vor.
2. Mischen und verquirlen Sie alle Gewürze zusammen in einer kleinen Schüssel.
3. Ritzen Sie den Braten mit einem scharfen Messer in diagonalen Mustern ein.
4. Reiben Sie den Braten großzügig mit der Gewürzmischung ein. Lassen Sie ihn 90 Minuten bei Raumtemperatur marinieren.
5. Legen Sie den Braten in den Big Green Egg-Kocher.
6. Räuchern Sie den Braten 2 Stunden lang, bis er eine Innentemperatur von 135 Grad erreicht hat.
7. Tranchieren und servieren.

Nährwertangaben pro Portion:

- Kalorien 301
- Fett gesamt 15,8 g
- Gesättigtes Fett 2,7 g
- Cholesterin 75 mg
- Natrium 389 mg
- Kohlenhydrate gesamt 11,7 g
- Faser 0,3g
- Zucker 0,1 g
- Eiweiß 28,2 g

Würzig geräucherter Schinken

Portionieren: 8
Vorbereitungszeit: 10 Minuten
Kochzeit: 45 Minuten

Zutaten:

- 1/4 Tasse Honig
- ¼ Tasse dunkelbrauner Zucker
- 1 Esslöffel Dijon-Senf
- 10 lbs. vorgekochter Schinken, Butt-Portion
- 2 Esslöffel ganze Nelken
- 8 oz. Cajun-Butter
- Hickory (Späne)

Methode:

1. Heizen Sie den Big Green Egg Cooker auf 225 Grad F mit convEGGtor vor.
2. Mischen Sie Senf mit Honig und braunem Zucker in einer Schüssel.
3. Geben Sie den Schinken in die Schüssel und mischen Sie ihn gut, um ihn zu überziehen.
4. Schneiden Sie einen 5 bis 3 Zentimeter tiefen Schlitz in den Schinken und füllen Sie ihn mit Nelken.
5. Geben Sie die Cajun-Butter zum Schinken und lassen Sie ihn 1 Stunde lang marinieren.
6. Räuchern Sie den marinierten Schinken im Big Green Egg Cooker und garen Sie ihn 45 Minuten lang.
7. Mit der restlichen Marinade übergießen und servieren.

Nährwertangaben pro Portion:

- Kalorien 548
- Fett gesamt 22,9 g
- Gesättigtes Fett 9 g
- Cholesterin 105 mg
- Natrium 350 mg
- Kohlenhydrate gesamt 17,5 g
- Zucker 10,9 g
- Faser 6,3 g
- Eiweiß 40,1 g

Pfeffer-Schweineschulter

Portionieren: 6
Vorbereitungszeit: 10 Minuten
Kochzeit: 4 Stunden

Zutaten:

- 4 lbs. Schweineschulter
- 2 Esslöffel koscheres Salz
- 2½ Esslöffel geräucherter Paprika
- 2½ Esslöffel Zitronenpfeffer
- 1 Esslöffel Cayennepfeffer
- 1 Esslöffel geräuchertes Knoblauchpulver
- ½ Esslöffel gemahlener schwarzer Pfeffer
- ½ Tasse gelber Senf
- 2-3 Esslöffel Worcestershire-Sauce
- Frischhaltefolie
- ½ Tasse Apfelessig
- ½ Tasse Apfelsaft
- ½ Tasse Wasser
- 2 Tassen Hickory-Räucherchips
- 2 Tassen Mesquite-Räucherchips

Methode:

1. Spülen Sie die gesäuberte Schweineschulter ab und tupfen Sie sie mit einem Papiertuch trocken.
2. Mischen Sie alle trockenen Gewürze in einer kleinen Schüssel.
3. Legen Sie das Schweinefleisch in eine Blechpfanne.
4. Gießen Sie die Worcestershire-Sauce über die Schweineschulter und reiben Sie sie gut ein.
5. Geben Sie den Senf darauf und verteilen Sie ihn gut.
6. Streuen Sie die Gewürzmischung über die Schweineschulter.
7. Wickeln Sie die Schweineschulter in Frischhaltefolie ein und stellen Sie sie für 12 Stunden in den Kühlschrank.
8. Heizen Sie den Big Green Egg Cooker auf 250 Grad F mit convEGGtor vor.
9. Räuchern Sie das Schweinefleisch etwa 4 Stunden lang, bis die Innentemperatur 165 Grad erreicht.
10. Lassen Sie es 5 bis 10 Minuten bei Raumtemperatur ruhen.
11. Servieren.

Nährwertangaben pro Portion:

- Kalorien 301
- Fett gesamt 8,9 g
- Gesättigtes Fett 4,5 g
- Cholesterin 57 mg
- Natrium 340 mg
- Kohlenhydrate gesamt 24,7 g

- Faser 1,2 g
- Zucker 1,3 g

- Eiweiß 15,3 g

Indischer Gewürzschweinebraten

Portionieren: 6
Vorbereitungszeit: 10 Minuten
Kochzeit: 2 Stunden

Zutaten:

- 4-Sterne-Anis
- 1 Teelöffel Kreuzkümmel
- 1 Teelöffel Koriander
- 1/2 Teelöffel Kardamomsamen
- 1/2 Teelöffel schwarze Pfefferkörner
- 1 Teelöffel Kurkuma, gepulvert
- ½ Teelöffel rote Chile, gemahlen
- Salz, nach Geschmack
- 4 Esslöffel Rapsöl
- 6 lbs. Schweinebraten

Methode:

1. Heizen Sie den Big Green Egg Cooker auf 250 Grad F mit convEGGtor vor.
2. Mahlen und mischen Sie alle Gewürze in einer Küchenmaschine,
3. Den Schweinebraten mit Öl und allen Gewürzen einreiben, abdecken und 20 Minuten marinieren lassen.
4. 2 Stunden im vorgeheizten Green-Egg-Kocher garen.
5. Servieren.

Nährwertangaben pro Portion:

- Kalorien 609
- Fett gesamt 50,5 g
- Gesättigtes Fett 11,7 g
- Cholesterin 58 mg
- Natrium 463 mg
- Kohlenhydrate gesamt 9,9 g
- Faser 1,5 g
- Zucker 0,3 g
- Eiweiß 29,3 g

Pikantes Schweinefleisch mit Pintos

Portionieren: 4
Vorbereitungszeit: 10 Minuten
Kochzeit: 4 Stunden

Zutaten:

- 4lbs. Rippchen ohne Knochen vom Schwein nach Country Art
- 3 Dosen Pinto-Bohnen
- 10-oz.-Glas Scharfes Paprika-Gelee
- 1 Tasse BBQ-Sauce
- 2 Tassen Zwiebeln, gehackt
- 3 Zehen Knoblauch, gehackt
- Salz, nach Geschmack
- Schwarzer Pfeffer, nach Geschmack
- Cayennepfeffer, nach Geschmack

Methode:

1. Heizen Sie den Big Green Egg Cooker auf 200 Grad F mit convEGGtor vor.
2. Mischen Sie Salz, schwarzen Pfeffer und Cayenne in einer Schüssel.
3. Würzen Sie die Rippchen mit der Gewürzmischung.
4. Legen Sie die Rippchen in ein Blech und stellen Sie es in den mittleren Einschub des Big Green Egg Cookers.
5. 1 1/2 Stunden im vorgeheizten Green-Egg-Kocher garen.
6. In der Zwischenzeit Bohnen mit BBQ-Sauce, Knoblauch, Zwiebel und Paprika-Gelee in einer Schüssel mischen.
7. Gießen Sie die Bohnenmischung über die Rippchen und decken Sie sie mit einer Folie ab.
8. Garen Sie die Rippchen weitere 3 bis 4 Stunden bei 250 Grad F.
9. Entfernen Sie die Folie und räuchern Sie weitere 30 Minuten.
10. Servieren.

Nährwertangaben pro Portion:

- Kalorien 537
- Fett gesamt 19,8 g
- Gesättigtes Fett 1,4 g
- Cholesterin 10 mg
- Natrium 719 mg
- Kohlenhydrate gesamt 25,1 g
- Faser 0,9 g
- Zucker 1,4 g
- Eiweiß 37,8 g

Würziger Barbeque-Hackbraten

Portionieren: 6
Vorbereitungszeit: 10 Minuten
Garzeit: 2 Std. 15 Minuten

Zutaten:

- 1 lb. Rinderhackfleisch
- ½ Pfund Kalbshackfleisch
- ½ lb. Schweinefleisch
- 1 Esslöffel Olivenöl
- 1 gelbe Zwiebel, fein gewürfelt
- 1 Tasse kleine Stücke Weißbrot
- 2 Teelöffel Barbecue-Sauce

- 4 oz. Vollmilch
- 1 Esslöffel Worcestershire-Sauce
- ¼ Tasse Parmesankäse, gerieben
- 1 Esslöffel Senf
- 1 Esslöffel Salz
- Hickory-Chips, eingeweicht
- 2 Esslöffel Gewürzmischung

Für die Gewürzmischung

- 1 Esslöffel Cayennepfeffer
- ½ weißer Pfeffer
- ½ schwarzer Pfeffer
- 1 Teelöffel Paprika
- ½ Teelöffel Salz
- ½ Teelöffel Zwiebelpulver
- ½ Teelöffel Knoblauchpulver

- ¼ Teelöffel getrockneter Oregano
- ¼ Teelöffel getrockneter Thymian
- 1/8 Teelöffel gemahlener Koriander
- ¼ gemahlener Kreuzkümmel
- 1/8 Teelöffel Senf, trocken
- 1/12 Teelöffel Salz, Staudensellerie

Methode:

1. Heizen Sie den Big Green Egg Cooker auf 225 Grad F mit convEGGtor vor.
2. Heizen Sie den Big Green Egg Cooker auf 225 Grad F vor.
3. Lassen Sie das vorbereitete Fleisch 30 Minuten lang bei Raumtemperatur ruhen.
4. Erhitzen Sie das Olivenöl in einer Pfanne bei mittlerer Hitze, geben Sie die Zwiebel hinzu und dünsten Sie sie 10 Minuten lang an.
5. Schalten Sie die Hitze aus und stellen Sie sie beiseite.
6. Mischen Sie die Milch mit dem Brot in einer Schüssel und lassen Sie sie 3 Minuten lang ruhen.
7. Verquirlen Sie die Eier mit den angebratenen Zwiebeln, dem in Milch eingeweichten Brot, dem Senfsalz, der BBQ-Sauce, dem Parmesan, der Worcestershire-Sauce und der Gewürzmischung in einer Schüssel.
8. Fügen Sie das Hackfleisch der Mischung hinzu und mischen Sie es gut.
9. Übertragen Sie die Mischung in eine Laibform und drücken Sie sie fest.

10. Stellen Sie die Laibform in den Big Green Egg Cooker und decken Sie den Deckel ab.
11. Lassen Sie es 1 bis 2 Stunden rauchen, bis das Fleisch gar ist.
12. In Scheiben schneiden und warm servieren.

Nährwertangaben pro Portion:

- Kalorien 472
- Fett gesamt 11,1 g
- Gesättigtes Fett 5,8 g
- Cholesterin 610 mg
- Natrium 749 mg
- Kohlenhydrate gesamt 19,9 g
- Faser 0,2 g
- Zucker 0,2 g
- Eiweiß 13,5 g

Glasierter Schinken

Portionieren: 8
Vorbereitungszeit: 10 Minuten
Kochzeit: 3 Stunden

Zutaten:

- 1 (10 bis 16) Pfund gebackene Schinkenschulter mit Knochen
- 1/2 Tasse reiner Ahornsirup
- 1/2 Tasse Rohrzucker
- 1/4 Tasse süßer Apfelwein oder Ananassaft
- 2 Esslöffel scharfer brauner Senf

Methode:

1. Heizen Sie den Big Green Egg Cooker auf 250 Grad F mit convEGGtor vor.
2. Spülen Sie den Schinken ab und tupfen Sie ihn trocken.
3. Legen Sie den Schinken mit der flachen Seite nach unten auf ein Blech. Lassen Sie ihn für 30 bis 45 Minuten ruhen.
4. Geben Sie den Schinken in den unteren Teil des Big Green Egg Kochers und garen Sie ihn 60 bis 90 Minuten.
5. Geben Sie in der Zwischenzeit die restlichen Zutaten in einen Kochtopf.
6. Gut mischen und diese Mischung kochen, bis sie eindickt.
7. Wenn der Schinken gar ist, bestreichen Sie ihn großzügig von beiden Seiten mit der vorbereiteten Schicht.
8. Nochmals 60 bis 90 Minuten geräuchert.
9. Übertragen Sie den Schinken auf das Schneidebrett und lassen Sie ihn 15 Minuten unter der Folie ruhen.
10. Warm servieren.

Nährwertangaben pro Portion:

- Kalorien 392
- Fett gesamt 16,1 g
- Gesättigtes Fett 2,3 g
- Cholesterin 231 mg
- Natrium 466 mg
- Kohlenhydrate gesamt 3,9 g
- Zucker 0,6 g
- Faser 0,9 g
- Eiweiß 48 g

Dijon geräucherte Rinderbrust

Portionieren: 8
Vorbereitungszeit: 10 Minuten
Kochzeit: 12 Stunden

Zutaten:

- 8-10 lb. Bruststück
- 2 Esslöffel Paprika
- 2 Esslöffel Knoblauchpulver
- 2 Esslöffel Zwiebelpulver
- 2 Esslöffel brauner Zucker
- 2 Esslöffel koscheres Salz
- 2 Esslöffel schwarzer Pfeffer

- 1 Esslöffel Cayennepfeffer
- 1 Esslöffel Kreuzkümmel
- 1 Esslöffel rote Paprikaflocken
- Dijon-Senf
- Worcestershire-Sauce
- 5 oz. Apfelsaft

Methode:

1. Heizen Sie den Big Green Egg Cooker auf 225 Grad F mit convEGGtor vor.
2. Reinigen Sie die Brüstchen und entfernen Sie das überschüssige Fett.
3. Mischen Sie alle trockenen Gewürze in einer Schüssel zusammen.
4. Bestreichen Sie die Briskets mit Worcestershire-Sauce und Dijon-Senf.
5. Reiben Sie die beschichteten Rinderbruststücke mit der Trockenreibemischung ein.
6. Räuchern Sie die Briskets im Big Green Egg Cooker für 8 Stunden.
7. Wickeln Sie die Rinderbrust mit Apfelsaft in eine Alufolie ein.
8. Legen Sie die Rinderbrust wieder in den Big Green Egg Cooker und räuchern Sie sie weitere 4 Stunden.
9. Nach dem Garen abkühlen lassen und in Scheiben schneiden.
10. Servieren.

Nährwertangaben pro Portion:

- Kalorien 452
- Fett gesamt 4 g
- Gesättigtes Fett 2 g
- Cholesterin 65 mg
- Natrium 220 mg

- Kohlenhydrate gesamt 23,1 g
- Faser 0,3 g
- Zucker 1 g
- Eiweiß 26g

Pikante Baby-Rippchen

Portionieren: 4
Vorbereitungszeit: 10 Minuten
Kochzeit: 4,5 Stunden

Zutaten:

- 2 Platten Baby Back Ribs
- 1/2 Tasse brauner Zucker
- 1/4 Tasse geräucherter Paprika
- 1/2 Teelöffel Chilipulver
- 1-1/2 Esslöffel koscheres Salz
- 1 Esslöffel gemahlener schwarzer Pfeffer
- 2 Teelöffel Knoblauchpulver
- 2 Teelöffel Zwiebelpulver

Methode:

1. Heizen Sie den Big Green Egg Cooker auf 225 Grad F mit convEGGtor vor.
2. Entfernen Sie die Membran und tupfen Sie die Rippen trocken
3. Mischen Sie alle trockenen Gewürze und reiben Sie die Rippchen damit ein. Lassen Sie sie 30 Minuten lang ruhen.
4. Legen Sie die gewürzten Rippchen mit der Fleischseite nach oben in den Big Green Egg-Kocher
5. Lassen Sie es 3 Stunden lang rauchen.
6. Legen Sie das Rippenstück auf 2 Blätter Folie und gießen Sie eine Bratflüssigkeit Ihrer Wahl darüber.
7. Wickeln Sie die Folie vollständig um das Gestell.
8. Legen Sie die Rippchen wieder in den Big Green Egg-Kocher und kochen Sie sie weitere 1 bis 1 1/2 Stunden, bis die Innentemperatur 160 Grad erreicht hat.
9. Warm servieren.

Nährwertangaben pro Portion:

- Kalorien 457
- Fett gesamt 19,1 g
- Gesättigtes Fett 11 g
- Cholesterin 262 mg
- Natrium 557 mg
- Kohlenhydrate gesamt 18,9 g
- Zucker 1,2 g
- Faser 1,7 g
- Eiweiß 32,5 g

Fünf Gewürze Schweinefleisch Löwe

Portionieren: 6
Vorbereitungszeit: 10 Minuten
Kochzeit: 3 Stunden

Zutaten:

- 4 Pfund Schweinelende ohne Knochen, ganz
- 2 Teelöffel Meersalz
- 1 Esslöffel chinesisches Fünf-Gewürze-Pulver
- 1 Teelöffel schwarzer Pfeffer, gemahlen
- ¼ Teelöffel Muskatnuss
- ½ Teelöffel Knoblauchpulver
- 2 Esslöffel Färberdistel- oder Traubenkernöl
- Apfelsaft, ungesüßt

Methode:

1. Heizen Sie den Big Green Egg Cooker mit convEGGtor auf 255 Grad F vor.
2. Spülen Sie das gesäuberte Schweinerückenstück ab und tupfen Sie es mit einem Papiertuch trocken. Schneiden Sie überschüssiges Fett ab.
3. Mischen Sie alle Kräuter, Öl und Gewürze in einer Schüssel.
4. Reiben Sie die Schweinelende gründlich mit der Gewürzmischung ein.
5. Lassen Sie es 60 Minuten lang bei Raumtemperatur marinieren.
6. Richten Sie die Schweinelende auf dem großen grünen Eierkocher an.
7. Garen Sie das Fleisch ca. 3 Stunden lang, bis die Innentemperatur des Fleisches 155 Grad F erreicht hat.
8. Warm servieren.

Nährwertangaben pro Portion:

- Kalorien 353
- Fett gesamt 7,5 g
- Gesättigtes Fett 1,1 g
- Cholesterin 20 mg
- Natrium 297 mg
- Kohlenhydrate gesamt 10,4 g
- Faser 0,2 g
- Zucker 0,1 g
- Eiweiß 13,1 g

In Senf getauchter Bostoner Braten

Portionieren: 8
Vorbereitungszeit: 10 Minuten
Kochzeit: 8 Stunden

Zutaten:

- 8 Pfund Boston Butt-Braten mit Knochen
- 5 Esslöffel gelber Senf aus der Dose
- 1/3 Tasse verpackter brauner Zucker
- 3 Esslöffel Meersalz
- 2 Esslöffel Paprika
- 1 Esslöffel Knoblauchpulver
- 1 Esslöffel Zwiebelpulver
- 2 Teelöffel gemahlener schwarzer Pfeffer
- 1/2 Teelöffel Cayennepfeffer

Methode:

1. Heizen Sie den Big Green Egg Cooker auf 225 Grad F mit convEGGtor vor.
2. Waschen Sie den Braten und schneiden Sie das überschüssige Fett ab. Spülen Sie ihn ab und tupfen Sie ihn trocken.
3. Mischen und verquirlen Sie die Zutaten für das Trockenreiben in einer Schüssel.
4. Bestreichen Sie den Braten großzügig mit dem Senf.
5. Den vorbereiteten Braten mit der Gewürzmischung großzügig und reichlich einreiben.
6. Legen Sie den vorbereiteten Braten in eine Blechpfanne und decken Sie ihn mit einer Plastikfolie ab.
7. Für 8 bis 12 Stunden oder über Nacht in den Kühlschrank stellen.
8. Legen Sie den Braten in den Big Green Egg-Kocher.
9. Lassen Sie es 8 Stunden lang räuchern und begießen Sie es mit Olivenöl und der restlichen Marinade.
10. Lassen Sie den Braten 30 Minuten lang bei Raumtemperatur ruhen.
11. Wenn es abgekühlt ist, ziehen Sie das Schweinefleisch mit 2 Gabeln heraus.
12. Warm servieren und genießen.

Nährwertangaben pro Portion:

- Kalorien 308
- Fett gesamt 20,5 g
- Gesättigtes Fett 3 g
- Cholesterin 42 mg
- Natrium 688 mg
- Kohlenhydrate gesamt 40,3 g
- Zucker 1,4 g
- Faser 4,3 g
- Eiweiß 49 g

Süßes Dörrfleisch

Portionieren: 4
Vorbereitungszeit: 10 Minuten
Kochzeit: 3 Stunden

Zutaten:

- 1 lb. London Broil, von Fett befreit, in 1/4-Zoll-Streifen geschnitten
- 3/4 Tasse ungefilterter Apfelessig
- 2 Esslöffel Meersalz
- 2 Esslöffel brauner Zucker
- 2 Esslöffel schwarze Strap Melasse
- 1 Esslöffel gemahlener schwarzer Pfeffer
- 1 Teelöffel Knoblauchpulver
- 1 Teelöffel Zwiebelpulver
- 1 Flasche Stout oder dunkles Bier

Methode:

1. Heizen Sie den Big Green Egg Cooker auf 2250 Grad F ohne ConvEGGtor vor.
2. Legen Sie das London Broil für 30 Minuten in den Gefrierschrank.
3. Mischen und verquirlen Sie alle restlichen Zutaten in einer Schüssel. Geben Sie beim Mischen nur die Hälfte des Bieres hinzu.
4. Schneiden Sie das gefrorene London Broil in viertelzöllige Streifen.
5. Legen Sie diese Scheiben in eine Auflaufform und gießen Sie die vorbereitete Marinade über die Scheiben.
6. Decken Sie die Schale ab und lassen Sie sie 4 bis 8 Stunden marinieren.
7. Nehmen Sie die marinierten Fleischscheiben aus der Marinade und tupfen Sie sie mit Küchenkrepp trocken.
8. Legen Sie die Rindfleischscheiben auf den großen grünen Eierkocher und kochen Sie sie für 3 Stunden.
9. Lassen Sie das Beef Jerky abkühlen und genießen Sie es dann.

Nährwertangaben pro Portion:

- Kalorien 231
- Fett gesamt 20,1 g
- Gesättigtes Fett 2,4 g
- Cholesterin 110 mg
- Natrium 941 mg
- Kohlenhydrate gesamt 20,1 g
- Faser 0,9 g
- Zucker 1,4 g
- Eiweiß 14,6 g

Schweinekoteletts in Salzlake

Portionieren: 4
Vorbereitungszeit: 10 Minuten
Kochzeit: 30 Minuten

Zutaten:

- 4 nicht entbeinte Schweinekoteletts

Für die Salzlake:

- 1 Gallone Wasser
- Koscheres Salz, nach Geschmack
- ½ Tasse Kristallzucker
- 1 Esslöffel Pfefferkörner

Zum Einreiben:

- ¼ Tasse brauner Zucker
- 1 Teelöffel Zwiebelpulver
- 1 Esslöffel Chilipulver
- 1 Teelöffel Knoblauchpulver
- 1 Teelöffel Kreuzkümmel
- 2 Teelöffel koscheres Salz
- 1 Teelöffel Paprika
- ½ Teelöffel gemahlener schwarzer Pfeffer

Methode:

1. Mischen und verquirlen Sie die Zutaten für die Salzlake in einem Topf und fügen Sie Wasser hinzu.
2. Bringen Sie die Mischung zum Kochen und rühren Sie gut, bis der Zucker vollständig aufgelöst ist.
3. Lassen Sie die Salzlake abkühlen und tauchen Sie die Koteletts dann für 6 bis 8 Stunden ein.
4. Mischen Sie alle Zutaten für den Rub in einer Schüssel.
5. Nehmen Sie die vorbereiteten Koteletts aus der Salzlake und tupfen Sie sie trocken.
6. Reiben Sie jedes Kotelett großzügig mit der Gewürzmischung ein.
7. Heizen Sie den Big Green Egg Cooker auf 200 Grad F mit convEGGtor vor.
8. Legen Sie die Koteletts in den Big Green Egg Cooker und räuchern Sie sie 30 Minuten lang.
9. Reduzieren Sie die Hitze und räuchern Sie, bis alles gut durchgegart ist.
10. Warm servieren.

Nährwertangaben pro Portion:

- Kalorien 327
- Fett gesamt 3,5 g
- Gesättigtes Fett 0,5 g
- Cholesterin 162 mg

- Natrium 142 mg
- Kohlenhydrate gesamt 33,6 g
- Faser 0,4 g
- Zucker 0,5 g
- Eiweiß 24,5 g

Schweinefleisch Redneck Ribs

Portionieren: 4
Vorbereitungszeit: 10 Minuten
Kochzeit: 2 Stunden

Zutaten:

Rippen:

- 4 Pfund Schweinerippchen im Country-Stil
- 1 Teelöffel Salz
- 1 Teelöffel frisch gemahlener schwarzer Pfeffer
- 1/2 Teelöffel Zwiebelpulver
- 1/2 Teelöffel Knoblauchpulver

BBQ-Soße:

- 1 Tasse Ketchup
- 3/4 Tasse Apfelgelee
- 1/2 Tasse Steaksauce
- 1/4 Tasse verpackter brauner Zucker

Methode:

1. Heizen Sie den Big Green Egg Cooker auf 250 Grad F mit convEGGtor vor.
2. Mischen Sie Knoblauchpulver, Salz, Pfeffer und Zwiebelpulver in einer Schüssel.
3. Reiben Sie die Rippchen mit der Gewürzmischung ein.
4. Legen Sie die vorbereiteten Rippchen in den Big Green Egg Cooker und garen Sie sie 1 Stunde lang.
5. Mischen Sie Apfelgelee mit Steaksauce, braunem Zucker und Ketchup in einem Kochtopf.
6. Kochen Sie, bis die Mischung gut verbunden ist.
7. Die geräucherten Rippchen mit der vorbereiteten Sauce begießen.
8. Wickeln Sie die Rippchen mit Alufolie ein und legen Sie sie wieder in einen Big Green Egg-Kocher.
9. Räuchern Sie die Rippchen für weitere 2 Stunden.
10. Warm mit der restlichen Sauce servieren.

Nährwertangaben pro Portion:

- Kalorien 545
- Fett gesamt 36,4 g
- Gesättigtes Fett 10,1 g
- Cholesterin 200 mg

- Natrium 272 mg
- Kohlenhydrate gesamt 40,7 g
- Faser 0,2 g
- Zucker 0,1 g
- Eiweiß 42,5 g

Erdiges Pulled Pork

Portionieren: 10
Vorbereitungszeit: 10 Minuten
Garzeit: 8 h

Zutaten:

- 1 (8 lb.) Schweineschulter mit Knochen
- 9 x 13-Zoll-Aluminiumschale
- 2 Esslöffel grobes Salz
- 2 Esslöffel schwarzer Pfeffer
- 1 Esslöffel Knoblauchpulver
- 1 Esslöffel Zwiebelpulver
- 1 Esslöffel Chilipulver
- 1 Esslöffel Paprika
- ½ Esslöffel Cayennepfeffer
- 4 Esslöffel brauner Zucker

Methode:

1. Heizen Sie den Big Green Egg Cooker auf 250 Grad F mit convEGGtor vor.
2. Legen Sie die Schweineschulter in die Aluschale.
3. Mischen Sie alle restlichen Zutaten in einer Schüssel.
4. Gießen Sie diese Mischung über das Schweinefleisch und mischen Sie sie gut, um es zu überziehen.
5. Legen Sie die Aluminiumschale in den Big Green Egg Cooker und kochen Sie 1 Stunde pro Pfund.
6. Wenn das Schweinefleisch gar ist, wickeln Sie es in Alufolie ein. Lassen Sie es für 15 Minuten ruhen.
7. Ziehen Sie das Schweinefleisch mit zwei Gabeln.
8. Warm servieren.

Nährwertangaben pro Portion:

- Kalorien 248
- Fett gesamt 13 g
- Gesättigtes Fett 7 g
- Cholesterin 387 mg
- Natrium 353 mg
- Kohlenhydrate gesamt 21 g
- Faser 0,4 g
- Zucker 1 g
- Eiweiß 29 g

Kapitel 7: Meeresfrüchte-Rezepte

Soja-Knoblauch-Austern

Portionieren: 6
Vorbereitungszeit: 10 Minuten
Kochzeit: 10 Minuten

Zutaten:

- 1 lb. mittelgroße Austern
- Salz, nach Geschmack
- ½ Tasse brauner Zucker
- ½ Tasse Sojasauce
- 1 Esslöffel Knoblauchpulver
- 1 Tasse Weinbrand
- Papierschleifer
- Nach Belieben scharfe Sauce hinzufügen
- 1 Esslöffel getrocknete gehackte weiße Zwiebel

Methode:

1. Heizen Sie den Big Green Egg Cooker auf 350 Grad F mit convEGGtor vor.
2. Mischen und verquirlen Sie die Zutaten außer den Austern in einem Kochtopf.
3. Weichen Sie die Austern in der vorbereiteten Mischung ein und stellen Sie sie über Nacht in den Kühlschrank.
4. Nehmen Sie die Austern aus der Salzlake und spülen Sie sie unter klarem Wasser ab.
5. Legen Sie die Austern auf den gefetteten Rost des Big Green Egg Cookers.
6. Kochen Sie die Austern im vorgeheizten Green Egg-Kocher 10 Minuten lang.
7. Mischen Sie Knoblauch, rote Chili und Zitronenschale in einer Schüssel.
8. Gießen Sie diese Mischung über die geräucherten Austern.
9. Servieren und genießen.

Nährwertangaben pro Portion:

- Kalorien 378
- Fett gesamt 7 g
- Gesättigtes Fett 8,1 g
- Cholesterin 230 mg
- Natrium 316 mg
- Kohlenhydrate gesamt 16,2 g
- Zucker 0,2 g
- Faser 0,3 g
- Eiweiß 26 g

Heilbutt mit Sauce Tartar

Portionieren: 4
Vorbereitungszeit: 10 Minuten
Kochzeit: 20 Minuten

Zutaten:

- ¼ Tasse Kristallzucker
- ¼ Tasse brauner Zucker
- ½ Tasse koscheres Salz

- 1 Teelöffel gemahlener Koriander
- 2 lbs. frischer Heilbutt

Hausgemachte Tartar-Sauce:

- 2 Esslöffel gehackte weiße Zwiebel
- ¼ Tasse gewürfelte Tomaten
- 2 Esslöffel gewürfelte Dillgurke

- ½ Tasse Mayonnaise
- 2 Teelöffel Essig
- Salz nach Geschmack

Methode:

1. Heizen Sie den Big Green Egg Cooker auf 350 Grad F mit convEGGtor vor.
2. Waschen und spülen Sie den Fisch gründlich mit Wasser ab und tupfen Sie ihn dann mit einem Papiertuch trocken.
3. Geben Sie den Fisch in einen Ziplock-Beutel und fügen Sie alle Zutaten für die Marinade hinzu.
4. Schütteln Sie und legen Sie den versiegelten Fischbeutel für 4 Stunden in den Kühlschrank.
5. Nehmen Sie den Fisch aus dem Beutel und tupfen Sie ihn trocken.
6. Legen Sie den Fisch in ein Blech und kühlen Sie ihn für weitere 2 Stunden.
7. Legen Sie das Fischblech in den Big Green Egg Cooker und kochen Sie es, bis es eine Temperatur von 140 Grad F erreicht hat.
8. Warm servieren

Nährwertangaben pro Portion:

- Kalorien 378
- Fett gesamt 21 g
- Gesättigtes Fett 4,3 g
- Cholesterin 150 mg
- Natrium 146 mg

- Kohlenhydrate gesamt 7,1 g
- Zucker 0,1 g
- Faser 0,4 g
- Eiweiß 23 g

Mit Honig glasierte Sardinen

Portionieren: 4
Vorbereitungszeit: 10 Minuten
Kochzeit: 20 Minuten

Zutaten:

- 4 frische Sardinen, ausgenommen
- 4 Tassen Wasser
- ¼ Tasse Salz koscher
- ¼ Tasse Honig
- 4 bis 5 Lorbeerblätter
- 1 Zwiebel, fein gehackt

- 2 Knoblauchzehen, zerdrückt
- ½ Tasse Koriander oder Petersilie, gehackt
- 3 bis 4 scharfe Chilis, getrocknet und zerkleinert
- 2 Esslöffel Pfefferkörner

Methode:

1. Heizen Sie den Big Green Egg Cooker auf 350 Grad F ohne ConvEGGtor vor.
2. Putzen und waschen Sie die Sardinen und entfernen Sie das Rückgrat und die Rippen.
3. Geben Sie alle restlichen Zutaten in einen Kochtopf und bringen Sie sie zum Kochen.
4. Mischen Sie gut und schalten Sie die Hitze aus. Decken Sie es ab und lassen Sie es abkühlen.
5. Tauchen Sie die gesäuberten Sardinen in die vorbereitete Salzlake ein.
6. Für etwa 12 Stunden in den Kühlschrank stellen.
7. Nehmen Sie den Fisch aus der Salzlake und tupfen Sie ihn mit einem Papiertuch trocken.
8. Legen Sie den Fisch in den Big Green Egg-Kocher.
9. Garen Sie den Fisch im vorgeheizten Green Egg Herd für 10 Minuten pro Seite.
10. Warm servieren.

Nährwertangaben pro Portion:

- Kalorien 248
- Fett gesamt 15,7 g
- Gesättigtes Fett 2,7 g
- Cholesterin 75 mg
- Natrium 94 mg

- Kohlenhydrate gesamt 31,4 g
- Faser 0,4 g
- Zucker 3,1 g
- Eiweiß 24,9 g

Geräucherte Austern

Portionieren: 6
Vorbereitungszeit: 10 Minuten
Kochzeit: 20 Minuten

Zutaten:

- 12 Austern
- 4 Streifen Speck
- 3 Esslöffel frische Petersilie, fein gehackt

- 3 Esslöffel Butter, geschmolzen und abgekühlt
- 3 Esslöffel Semmelbrösel
- 3 Esslöffel Parmesankäse, frisch gerieben

Methode:

1. Heizen Sie den Big Green Egg Cooker auf 350 Grad F mit convEGGtor vor.
2. Kochen Sie die Austern im vorgeheizten Green Egg-Kocher 10 Minuten lang.
3. Geben Sie die Austern zurück in die Pfanne und stellen Sie sie beiseite.
4. Grillen Sie den Speck im Big Green Egg Cooker, bis er von beiden Seiten braun und knusprig ist.
5. Mischen Sie den knusprigen Speck mit Petersilie und belegen Sie die Austern mit dieser Mischung.
6. Beträufeln Sie die Butter und den Parmesankäse darüber. Legen Sie die Austern in eine Pfanne.
7. Stellen Sie die Pfanne für weitere 5 Minuten in den Big Green Egg Cooker.
8. Warm servieren.

Nährwertangaben pro Portion:

- Kalorien 351
- Fett gesamt 4 g
- Gesättigtes Fett 6,3 g
- Cholesterin 360 mg
- Natrium 236 mg

- Kohlenhydrate gesamt 19,1 g
- Zucker 0,3 g
- Faser 0,1 g
- Eiweiß 36 g

Geräucherter Paprika-Thunfisch

Portionieren: 4
Vorbereitungszeit: 10 Minuten
Kochzeit: 10 Minuten

Zutaten:

- 6 (4oz.) Thunfischsteaks
- 3 Esslöffel koscheres Salz
- 3 Esslöffel hellbrauner Zucker
- 1/4 Tasse natives Olivenöl extra
- Zitronenpfeffergewürz, nach Geschmack
- 1 Teelöffel Knoblauchpulver
- 12 dünne Zitronenscheiben

Methode:

1. Heizen Sie den Big Green Egg Cooker auf 350 Grad F ohne ConvEGGtor vor.
2. Reiben Sie die Thunfischsteaks von beiden Seiten mit Salz und Zucker ein.
3. Decken Sie die Steaks ab und stellen Sie sie für 4 Stunden oder über Nacht in den Kühlschrank.
4. Legen Sie die marinierten Steaks auf eine saubere Unterlage und wischen Sie sie aus.
5. Jede Seite mit Olivenöl, Knoblauchpulver und Zitronenpfeffergewürz bestreichen.
6. Legen Sie die Thunfischsteaks auf den großen grünen Eierkocher und belegen Sie sie mit Zitronenscheiben.
7. Bringen Sie das Gestell wieder in den Big Green Egg-Kocher und kochen Sie es 10 Minuten lang.
8. Übertragen Sie den Thunfisch auf das Schneidebrett.
9. Lassen Sie es 5 Minuten ruhen und servieren Sie es dann mit Zitronenspalten, Mais-Salsa und Avocado.

Nährwertangaben pro Portion:

- Kalorien 353
- Fett gesamt 7,5 g
- Gesättigtes Fett 1,1 g
- Cholesterin 20 mg
- Natrium 297 mg
- Kohlenhydrate gesamt 10,4 g
- Faser 0,2 g
- Zucker 0,1 g
- Eiweiß 13,1 g

Gepökelter Lachs

Portionieren: 4
Vorbereitungszeit: 10 Minuten
Kochzeit: 20 Minuten

Zutaten:

- 1 bis 1-1/2 Pfund ganzes Lachsfilet, ohne Haut und Gräten
- ½ Tasse geschmacksneutraler Wodka oder Tequila
- 1/4 Tasse koscheres Salz
- 1/4 Tasse brauner Zucker
- 2 Esslöffel gemahlener schwarzer Pfeffer
- 1 Strauß frischer Dill, gehackt
- 1/2 Zitrone, in dünne Scheiben geschnitten

Methode:

1. Legen und setzen Sie die Fischfilets in die Auflaufform und gießen Sie den Alkohol darüber.
2. Streuen Sie Zucker, Salz und Pfeffer über den Lachs.
3. Legen Sie die Zitronenscheiben und den Dill darauf.
4. Decken Sie die Schale mit einer Plastikfolie ab und stellen Sie sie für etwa 8 bis 12 Stunden in den Kühlschrank.
5. Heizen Sie den Big Green Egg Cooker auf 350 Grad F ohne ConvEGGtor vor.
6. Entsorgen Sie das überschüssige Wasser des marinierten Fisches und spülen Sie das Filet unter kaltem Wasser ab.
7. Tupfen Sie sie mit Papiertüchern trocken. Lassen Sie sie für 2 Stunden ruhen.
8. Fetten Sie die Grillroste mit Olivenöl ein und legen Sie die Fischfilets darauf.
9. Legen Sie den Grillrost in den Big Green Egg Cooker und grillen Sie den Fisch 10 Minuten pro Seite.
10. Warm servieren.

Nährwertangaben pro Portion:

- Kalorien 321
- Fett gesamt 7,4 g
- Gesättigtes Fett 4,6 g
- Cholesterin 105 mg
- Natrium 353 mg
- Kohlenhydrate gesamt 19,4 g
- Zucker 6,5 g
- Faser 2,7 g
- Eiweiß 37,2 g

Hummerschwanz-Auflauf

Portionieren: 6
Vorbereitungszeit: 10 Minuten
Kochzeit: 16 Minuten

Inhaltsstoffe

- 1 lb. Lachsfilets, in 8 gleich große Stücke geschnitten
- 16 große Jakobsmuscheln
- 16 große Garnelen, geschält und entdarmt
- 8 Ostküsten-Hummerschwänze, halbiert
- 1/3 Tasse Butter
- 1/4 Tasse Weißwein
- 1/4 Tasse Zitronensaft
- 2 Esslöffel gehackter frischer Estragon
- 2 mittelgroße Knoblauchzehen, gehackt
- 1/2 Teelöffel Paprika
- 1/4 Teelöffel gemahlener Cayennepfeffer

Methode:

1. Heizen Sie den Big Green Egg Cooker auf 350 Grad F ohne convEGGtor vor.
2. Verquirlen Sie die Butter mit Zitronensaft, Wein, Knoblauch, Estragon, Paprika, Salz und Cayennepfeffer in einem kleinen Kochtopf.
3. Kochen Sie diese Mischung bei mittlerer Hitze unter Rühren 1 Minute lang.
4. Geben Sie die Meeresfrüchte in eine Auflaufform und gießen Sie die Buttermischung darüber.
5. Im vorgeheizten Green Egg Cooker 15 Minuten lang backen.
6. Warm servieren.

Nährwertangaben pro Portion:

- Kalorien 248
- Fett gesamt 15,7 g
- Gesättigtes Fett 2,7 g
- Cholesterin 75 mg
- Natrium 94 mg
- Kohlenhydrate gesamt 31,4 g
- Faser 0,4 g
- Zucker 3,1 g
- Eiweiß 24,9 g

Gebackene Shrimps mit Knoblauchsauce

Vorbereitungszeit: 10 Minuten
Kochzeit: 10 Minuten
Portionieren: 4

Inhaltsstoffe

- 1 1/4 Pfund große Garnelen, geschält und entdarmt
- 1/4 Tasse Butter
- 1 Esslöffel Knoblauch, gehackt
- 2 Esslöffel frischer Zitronensaft
- Salz und schwarzer Pfeffer, nach Geschmack
- 1/8 Teelöffel rote Paprikaflocken
- 2 Esslöffel frische Petersilie, gehackt

Methode:

1. Heizen Sie den Big Green Egg Cooker auf 300 Grad F ohne convEGGtor vor.
2. Verteilen Sie die Garnelen in einer Auflaufform.
3. Butter in einer Pfanne schmelzen und erhitzen und den Knoblauch darin 30 Sekunden lang anbraten.
4. Rühren Sie die Zitrone ein und gießen Sie diese Mischung dann über die Garnelen.
5. Streuen Sie Salz, schwarzen Pfeffer und rote Paprikaflocken über die Garnelen.
6. Im vorgeheizten Green Egg Cooker für 0 Minuten backen.
7. Warm servieren.

Nährwertangaben pro Portion:

- Kalorien 248
- Fett gesamt 13 g
- Gesättigtes Fett 7 g
- Cholesterin 387 mg
- Natrium 353 mg
- Kohlenhydrate gesamt 1 g
- Faser 0,4 g
- Zucker 1 g
- Eiweiß 29 g

Meeresfrüchte-Kasserolle

Vorbereitungszeit: 10 Minuten
Kochzeit: 20 Minuten
Portionieren: 8

Inhaltsstoffe

- 8 oz Schellfisch, enthäutet und gewürfelt
- 1 lb Jakobsmuscheln
- 1 Pfund große Garnelen, geschält und entdarmt
- 3- 4 Knoblauchzehen, gehackt
- 1/2 Tasse Schlagsahne
- 1/2 Tasse Schweizer Käse, zerkleinert
- 2 Esslöffel Parmesan, gerieben
- Paprika, nach Geschmack
- Meersalz und schwarzer Pfeffer, nach Geschmack

Methode:

1. Heizen Sie den Big Green Egg Cooker auf 375 Grad F ohne convEGGtor vor.
2. Werfen Sie Garnelen, Jakobsmuscheln und Schellfischstücke in eine mit Kochspray eingefettete Auflaufform.
3. Beträufeln Sie die Meeresfrüchte-Mischung mit Salz, schwarzem Pfeffer und gehacktem Knoblauch.
4. Garnieren Sie diese Meeresfrüchte mit Sahne, Schweizer Käse, Paprika und Parmesankäse.
5. Im vorgeheizten Green Egg Cooker 20 Minuten lang backen.
6. Warm servieren.

Nährwertangaben pro Portion:

- Kalorien 457
- Fett gesamt 19,1 g
- Gesättigtes Fett 11 g
- Cholesterin 262 mg
- Natrium 557 mg
- Kohlenhydrate gesamt 18,9 g
- Zucker 1,2 g
- Faser 1,7 g
- Eiweiß 32,5 g

Meeresfrüchteauflauf mit Knoblauch und Dill

Vorbereitungszeit: 10 Minuten
Kochzeit: 30 Minuten
Portionieren: 8

Inhaltsstoffe

- 1 Tasse ungesalzene Butter, geschmolzen
- 3 Esslöffel frischer Dill, gehackt
- 2 Esslöffel Knoblauch gehackt
- Salz, nach Geschmack
- Schwarzer Pfeffer, nach Geschmack
- 24 oz rote Baby-Kartoffel
- 4 Filets Kabeljau,
- 30 Garnelen roh, geschält und entdarmt
- 8 Zitronenscheiben
- 4 Maiskolben, geschält und halbiert

Methode:

1. Heizen Sie den Big Green Egg Cooker auf 450 Grad F ohne convEGGtor vor.
2. Schneiden Sie das Folienblatt in 8- 2 Fuß große Quadrate und legen Sie 4 Stücke auf eine Arbeitsfläche.
3. Legen Sie die restlichen Teile über diese Teile, um sie zu verdoppeln.
4. Sprühen Sie jede Gruppe von Folienblättern mit Speiseöl ein, um sie zu fetten.
5. Schmelzen Sie nun die Butter in einer Glasschüssel und fügen Sie Baby-Dill, schwarzen Pfeffer, Salz und Knoblauch hinzu.
6. Gut mischen und diese Dillbutter beiseite stellen.
7. Legen Sie jedes Fischfilet auf ein Quadrat aus gefetteter Folie und belegen Sie es mit 6 Garnelen, 2 Maishälften, ½ Tasse Kartoffeln und ¼ der Dillbutter.
8. Zum Schluss legen Sie 2 Zitronenscheiben auf jedes Filet und wickeln jedes Folienblatt um den Belag.
9. Im vorgeheizten Green Egg Cooker 30 Minuten lang backen.
10. Packen Sie den gebackenen Fisch aus und servieren Sie ihn warm mit den Gemüsesorten.
11. Genießen Sie.

Nährwertangaben pro Portion:

- Kalorien 321
- Fett gesamt 7,4 g
- Gesättigtes Fett 4,6 g
- Cholesterin 105 mg
- Natrium 353 mg
- Kohlenhydrate gesamt 19,4 g
- Zucker 6,5 g
- Faser 2,7 g
- Eiweiß 37,2 g

Heilbutt-Muscheln-Auflauf

Vorbereitungszeit: 10 Minuten
Kochzeit: 12 Minuten
Portionieren: 8

Inhaltsstoffe

- 2 (4 oz.) Heilbuttfilets, gewürfelt
- 6 Jakobsmuscheln
- 6 Jumbo-Garnelen, geschält und entdarmt
- 1/3 Tasse trockener Weißwein
- 2 Esslöffel geschmolzene Butter
- 1 Esslöffel Zitronensaft
- 1/2 Teelöffel Old Bay-Gewürz
- 1 Teelöffel Knoblauch, gehackt
- Salz und Pfeffer nach Geschmack
- 1 Esslöffel frische Petersilie, gehackt

Methode:

1. Heizen Sie den Big Green Egg Cooker auf 450 Grad F ohne convEGGtor vor.
2. Heilbuttstücke, Garnelen und Jakobsmuscheln in einer Auflaufform vermischen.
3. Verquirlen Sie Wein, Zitronensaft und Butter in einer kleinen Schüssel und gießen Sie sie über die Meeresfrüchte.
4. Beträufeln Sie die Meeresfrüchte-Mischung mit Gewürzen, Knoblauch, Salz und schwarzem Pfeffer.
5. Im vorgeheizten Green Egg Cooker 12 Minuten lang backen.
6. Mit Petersilie garnieren.
7. Warm servieren.

Nährwertangaben pro Portion:

- Kalorien 392
- Fett gesamt 16,1 g
- Gesättigtes Fett 2,3 g
- Cholesterin 231 mg
- Natrium 466 mg
- Kohlenhydrate gesamt 3,9 g
- Zucker 0,6 g
- Faser 0,9 g
- Eiweiß 48 g

Kapitel 8: Gemüse-Rezepte

BBQ-Tofu-Schalen

Portionieren: 4
Vorbereitungszeit: 10 Minuten
Kochzeit: 1 Stunde

Zutaten:

- 1 14-oz-Packung extra-fester Tofu, ca. 1 Stunde lang gepresst und in 1-Zoll-Würfel geschnitten
- 1 Esslöffel trockene Miso-Suppenmischung optional
- 8 oz. warmes Wasser für die Marinade, ebenfalls optional
- 1 Tasse BBQ-Sauce - wir mögen eine Sauce nach Carolina-Art
- 1 Tasse ungekochter Reis
- 2 Tassen Kokosnusswasser
- 2 Tassen Ananas in Würfel geschnitten und aufgespießt
- 1 Avocado in dünne Scheiben geschnitten
- 1 rote Paprika in dünne Scheiben geschnitten
- 1 Karotte geraspelt oder in dünne Scheiben geschnitten
- Koriander zum Garnieren

Methode:

1. Lassen Sie den Tofu abtropfen und drücken Sie ihn unter einer schweren Glasschale aus, um die Flüssigkeit herauszudrücken.
2. Legen Sie den Tofu für 1 Stunde zwischen zwei Papiertücher und saugen Sie überschüssiges Wasser auf.

3. Für die Tofu-Marinade:
4. Mischen Sie 1 Esslöffel Miso-Suppe mit warmem Wasser in einem Ziplock-Beutel.
5. Schneiden Sie den Tofu in 1x1 Zoll große Würfel.
6. Miso-Marinade zu den Tofuwürfeln geben.
7. Gut mischen und für 30 Minuten in den Kühlschrank stellen.

Zum Räuchern des Tofus:
8. Heizen Sie den Big Green Egg Cooker auf 350 Grad F ohne ConvEGGtor vor.
9. Nehmen Sie den vorbereiteten Tofu aus der Marinade und geben Sie ihn in eine Schüssel.
10. Fügen Sie eine halbe Tasse BBQ-Sauce hinzu und mischen Sie sie gut, um sie zu überziehen.

11. Legen Sie die Tofuwürfel auf den Big Green Egg Cooker und kochen Sie sie 1 Stunde lang.
12. Genießen Sie.

Nährwertangaben pro Portion:

- Kalorien 438
- Fett gesamt 4,8 g
- Gesättigtes Fett 1,7 g
- Cholesterin 12 mg
- Natrium 520 mg
- Kohlenhydrate gesamt 8,3 g
- Faser 2,3 g
- Zucker 1,2 g
- Eiweiß 2,1 g

Aubergine Ghanoush

Portionieren: 4
Vorbereitungszeit: 10 Minuten
Kochzeit: 1 Stunde

Zutaten:

- 2 mittelgroße Auberginen, in Scheiben geschnitten
- 1 Knoblauchzehe, gehackt
- 4 Esslöffel Tahini
- 3 Esslöffel frisch gepresster Zitronensaft
- 2 Teelöffel Olivenöl
- 1 Teelöffel Meersalz
- 1/2 Teelöffel frisch gemahlener Pfeffer
- frische glatte Petersilie, gehackt
- Fladenbrot in Dreiecke geschnitten

Methode:

1. Heizen Sie den Big Green Egg Cooker auf 200 Grad F mit convEGGtor vor.
2. Beträufeln Sie die Auberginenscheiben mit Öl und legen Sie sie in eine Folienschale.
3. Legen Sie die Folienschale in den Big Green Egg Cooker und decken Sie den Deckel ab.
4. Lassen Sie ihn ca. 1 Stunde lang bissfest rösten.
5. Geben Sie die geräucherten Auberginen in eine Küchenmaschine.
6. Fügen Sie alle restlichen Zutaten hinzu und pürieren Sie sie gut, bis sie glatt sind.
7. Servieren Sie es mit Ihrem Lieblingsbrot.

Nährwertangaben pro Portion:

- Kalorien 294
- Fett gesamt 11,1 g
- Gesättigtes Fett 5,8 g
- Cholesterin 610 mg
- Natrium 749 mg
- Kohlenhydrate gesamt 49 g
- Faser 0,2 g
- Zucker 0,2 g
- Eiweiß 3,5 g

Obstsalat

Portionieren: 4
Vorbereitungszeit: 10 Minuten
Kochzeit: 10 Minuten

Zutaten:

- 1 Ananas, entkernt und in Scheiben geschnitten
- 2 Mangos, in 1-1/2-Zoll-Stücke geschnitten
- 2 Äpfel, in 1-1/2-Zoll-Runden geschnitten

- 1/4 Tasse große Kokosnussflocken, geröstet
- 1/4 Tasse Zucker in Rohform
- 1/2 Tasse Kokosnusscreme
- 1 Esslöffel Minze, gehackt

Passionsfrucht-Sauce:

- 1/4 Tasse Passionsfrucht-Extrakt
- 1/4 Tasse Wasser

- 1/2 Tasse Zucker

Mascarpone-Creme:

- 2 Esslöffel Zucker
- 1 Pint schwere Sahne

- 1/4 Tasse Mascarpone-Käse

Methode:

1. Heizen Sie den Big Green Egg Cooker auf 375 Grad F ohne convEGGtor vor.
2. Verteilen Sie die Früchte auf einem Blech und bestreichen Sie sie mit Kokoscreme und Zucker.
3. Mischen Sie Fruchtpüree, Wasser und eine halbe Tasse Zucker in einem Kochtopf.
4. Bringen Sie die Mischung zum Kochen, reduzieren Sie die Hitze und lassen Sie sie köcheln, bis sie eindickt.
5. Schalten Sie die Hitze aus und stellen Sie die Mischung 30 Minuten lang in den Kühlschrank.
6. Verteilen Sie die Früchte auf dem Big Green Egg Cooker und grillen Sie sie 3 bis 5 Minuten pro Seite.
7. Nehmen Sie die Früchte heraus und lassen Sie sie abkühlen.
8. Schlagen Sie die Sahne in einer Rührschüssel, bis sie Spitzen bildet.
9. Mascarpone-Käse und Zucker hinzufügen. Verquirlen, bis alles gut vermischt ist.
10. Geben Sie die gegrillten Früchte hinzu und mischen Sie sie gut.
11. Passionsfruchtsauce einrühren.
12. Gut mischen und servieren.

Nährwertangaben pro Portion:

- Kalorien 341
- Fett gesamt 4 g
- Gesättigtes Fett 0,5 g
- Cholesterin 69 mg
- Natrium 547 mg
- Kohlenhydrate gesamt 36,4 g
- Faser 1,2 g
- Zucker 1 g
- Eiweiß 10,3 g

Seitan BBQ-Rippchen

Portionieren: 6
Vorbereitungszeit: 10 Minuten
Kochzeit: 20 Minuten

Zutaten:

- 1 Tasse vitales Weizengluten
- 2 Esslöffel Nährhefe
- 1 Esslöffel geräucherter Paprika
- 1 Teelöffel Zwiebelpulver
- 1 Teelöffel Knoblauchpulver
- 2 Esslöffel Mandelbutter
- 1 Esslöffel Sojasauce
- 3/4 Tasse Wasser
- 1 Teelöffel Worcestershire-Sauce
- 1 Teelöffel Apfelessig

Methode:

1. Heizen Sie den Big Green Egg Cooker auf 370 Grad F ohne convEGGtor vor.
2. Mischen Sie die ersten fünf Zutaten in einer Schüssel.
3. Verquirlen Sie Wasser, Mandelbutter, Worcestershire-Sauce, Sojasauce und Apfelessig in einer separaten Schüssel.
4. Gießen Sie diese Mischung in die Trockenmischung. Gut mischen.
5. Kneten Sie den Teig 2 Minuten lang und lassen Sie ihn dann 5 Minuten lang ruhen.
6. Streichen Sie den Teig in eine rechteckige Form.
7. Schneiden Sie den Teig in 10 gleich große Stücke.
8. Legen Sie den Eiszapfen in die Mitte jedes Stücks und falten Sie ihn ein. Durch eine Prise verschließen.
9. Legen Sie die eingewickelten Popsicle- oder Seitan-Rippchen für 20 Minuten in den Big Green Egg-Kocher.
10. Die Seitan-Rippchen mit BBQ-Sauce bestreichen und 4 Minuten grillen, dann wenden, um die andere Seite zu bestreichen.
11. Warm servieren.

Nährwertangaben pro Portion:

- Kalorien 378
- Fett gesamt 3,8 g

- Gesättigtes Fett 0,7 g
- Cholesterin 2 mg
- Natrium 620 mg
- Kohlenhydrate gesamt 13,3 g
- Faser 2,4 g
- Zucker 1,2 g
- Eiweiß 5,4 g

Gewürzte Cashews

Portionieren: 4
Vorbereitungszeit: 10 Minuten
Kochzeit: 20 Minuten

Zutaten:

- 1 lb. Cashewnüsse
- 3 Esslöffel Sambal Olek
- 1 Esslöffel geräucherter einfacher Sirup
- Schale von 1 Zitrone
- 1/2 Esslöffel frischer Rosmarin, gehackt
- 1 Teelöffel rote Paprikaflocken
- 1/4 Teelöffel Cayennepfeffer

Methode:

1. Heizen Sie den Big Green Egg Cooker auf 350 Grad F mit convEGGtor vor.
2. Mischen Sie alle Zutaten mit den Cashews in einer Schüssel.
3. Verteilen Sie die Cashews in einem Blech.
4. Stellen Sie die Pfanne in den Big Green Egg Cooker und kochen Sie sie 20 Minuten lang.
5. Lassen Sie sie abkühlen und servieren Sie sie.

Nährwertangaben pro Portion:

- Kalorien 304
- Fett gesamt 30,6 g
- Gesättigtes Fett 13,1 g
- Cholesterin 131 mg
- Natrium 834 mg
- Kohlenhydrate gesamt 21,4 g
- Faser 0,2 g
- Zucker 0,3 g
- Eiweiß 4,6 g

Kürbissuppe

Portionieren: 4
Vorbereitungszeit: 10 Minuten
Kochzeit: 65 Minuten

Zutaten:

- 1 Kürbis, halbiert
- 1 weiße Zwiebel, gewürfelt
- 1 Knoblauchzehe, gehackt
- ½ Pint Doppelrahm
- Gemüsebrühe, nach Belieben

Methode:

1. Heizen Sie den Big Green Egg Cooker auf 350 Grad F ohne convEGGtor vor.
2. Schneiden Sie den gewaschenen Kürbis in zwei Hälften und entfernen Sie die Kerne.
3. Legen Sie die Kürbishälften mit der Schale nach unten in den Großen Grünen Eierkocher.
4. Kochen Sie den Kürbis im Big Green Egg Cooker 50 Minuten lang.
5. Nehmen Sie den Kürbis heraus und lassen Sie ihn abkühlen.
6. Schöpfen Sie das Kürbisfruchtfleisch aus und legen Sie es beiseite.
7. Öl in einer geeigneten Pfanne erhitzen, Zwiebel und Knoblauch darin glasig dünsten.
8. Kürbisfleisch und Gemüsebrühe zugeben.
9. Bringen Sie die Mischung zum Kochen und reduzieren Sie dann die Hitze auf mittlere Stufe.
10. Lassen Sie es 15 Minuten lang köcheln.
11. Pürieren Sie die Mischung mit einem Stabmixer.
12. Mit Kürbiskernen bestreut servieren.

Nährwertangaben pro Portion:

- Kalorien 338
- Fett gesamt 23,8 g
- Gesättigtes Fett 0,7 g
- Cholesterin 22 mg
- Natrium 620 mg
- Kohlenhydrate gesamt 58,3 g
- Faser 2,4 g
- Zucker 1,2 g
- Eiweiß 5,4 g

Geräucherte grüne Bohnen

Portion: 2
Vorbereitungszeit: 10 Minuten
Kochzeit: 1 Stunde

Zutaten:

- 2 Esslöffel italienisches Dressing
- 1 Pfund grüne Bohnen, geputzt
- Saft einer 1/2 Zitrone

Methode:

1. Weichen Sie die abgeschnittene Bohne in einer mit Wasser gefüllten Schüssel 2 Stunden lang ein.
2. Lassen Sie die Bohnen abtropfen und legen Sie sie beiseite.
3. Heizen Sie den Big Green Egg Cooker auf 300 Grad F ohne convEGGtor vor.
4. Bereiten Sie eine rechteckige Pfanne aus Alufolie vor und legen Sie die Bohnen hinein.
5. Mischen Sie das italienische Dressing und träufeln Sie es gleichmäßig über die Bohnen.
6. Bohnen in der Folie auf den Big Green Egg Cooker legen und 1 Stunde lang kochen.
7. Beträufeln Sie die Bohnen mit Zitronensaft und decken Sie die Bohnen mit einer Folie ab.
8. Lassen Sie sie 15 Minuten bei Raumtemperatur ruhen.
9. Servieren.

Nährwertangaben pro Portion:

- Kalorien 100
- Fett gesamt 3,5 g
- Gesättigtes Fett 0 g
- Cholesterin 7 mg
- Natrium 94 mg
- Kohlenhydrate gesamt 15 g
- Faser 1 g
- Zucker 1 g
- Eiweiß 2 g

Geräucherte Aubergine

Portionieren: 4
Vorbereitungszeit: 10 Minuten
Kochzeit: 20 Minuten

Zutaten:

- 2 ganze Auberginen, geschält und der Länge nach in Scheiben geschnitten
- 2 Frühlingszwiebeln, gehackt
- 2 Teelöffel Sesamsamen
- 4 Teelöffel Miso-Paste
- 2 Teelöffel Sojasauce
- 1 Teelöffel Sesamöl
- 1 Knoblauchzehe
- 1-Zoll-Würfel frischer Ingwer

Methode:

1. Mischen Sie Soja, Sesamöl, Miso, Knoblauchzehe und Ingwer in einer Schüssel.
2. Ritzen Sie die Auberginenscheiben mit der Miso-Paste ein.
3. Lassen Sie es 30 Minuten lang stehen.
4. Heizen Sie den Big Green Egg Cooker auf 350 Grad F ohne convEGGtor vor.
5. Grillen Sie die gewürzte Aubergine im Big Green Eierkocher für 10 Minuten pro Seite.
6. Warm servieren.

Nährwertangaben pro Portion:

- Kalorien 246
- Fett gesamt 14,8 g
- Gesättigtes Fett 0,7 g
- Cholesterin 22 mg
- Natrium 220 mg
- Kohlenhydrate gesamt 10,3 g
- Faser 2,4 g
- Zucker 1,2 g
- Eiweiß 12,4 g

Zitronen Artischocken

Portionieren: 4
Vorbereitungszeit: 10 Minuten
Kochzeit: 30 Minuten

Zutaten:

- 4 ganze Artischocken, geputzt
- 1/2 Tasse kaltgepresstes Olivenöl
- Saft von 1 Zitrone
- 4 gehackte Knoblauchzehen
- Meersalz und gemahlener schwarzer Pfeffer

Methode:

1. Geben Sie Wasser in einen geeigneten Topf und stellen Sie einen Dämpfkorb hinein.
2. Bringen Sie das Wasser zum Kochen.
3. Putzen und schneiden Sie in der Zwischenzeit die Artischocken. Schneiden Sie sie der Länge nach in Scheiben.
4. Legen Sie die Artischocken mit der Stielseite nach unten in den Dampfkorb.
5. Reduzieren Sie die Hitze und decken Sie den Topf ab.
6. Lassen Sie es 20 bis 25 Minuten dämpfen.
7. Nehmen Sie die Artischocken heraus und lassen Sie sie bei Raumtemperatur stehen.
8. Heizen Sie den Big Green Egg Cooker auf 350 Grad F mit convEGGtor vor.
9. Setzen Sie die Artischocken auf Alufolienpakete.
10. Mischen Sie Zitronensaft, Salz, Pfeffer und Olivenöl in einer Schüssel und bestreichen Sie die Artischocken mit der Mischung.
11. Setzen Sie die Artischocken in den Big Green Egg Cooker.
12. Bedecken Sie den Deckel und lassen Sie ihn 30 Minuten lang kochen.
13. Mit geschmolzener Butter bestreichen und servieren.

Nährwertangaben pro Portion:

- Kalorien 118
- Fett gesamt 5,7 g
- Gesättigtes Fett 2,7 g
- Cholesterin 75 mg
- Natrium 124 mg
- Kohlenhydrate gesamt 7 g
- Faser 0,1 g
- Zucker 0,3 g
- Eiweiß 4,9 g

Balsamico-Kohl

Portion: 2
Vorbereitungszeit: 10 Minuten
Kochzeit: 1 1/2 Stunden

Zutaten:

- 1 kleiner Kopf Grünkohl
- 1 Esslöffel Balsamico-Essig
- 1/2 Teelöffel Meersalz
- 1/2 Teelöffel schwarzer Pfeffer
- 2 Esslöffel Butter
- 2 Esslöffel Olivenöl
- Salz und schwarzer Pfeffer nach Geschmack.

Methode:

1. Heizen Sie den Big Green Egg Cooker auf 350 Grad F mit convEGGtor vor.
2. Entfernen Sie den Kohlkern so, dass er innen einen zylindrischen Hohlraum von etwa 1 Zoll Breite und 3 Zoll Tiefe erhält.
3. Füllen Sie seinen Hohlraum mit Salz, Pfeffer, Butter und Essig.
4. Reiben Sie die Außenseite des Kohls mit Olivenöl, Salz und Pfeffer ein.
5. Legen Sie den Kohl mit der Schnittseite nach oben in den Alufolienbeutel. Wickeln Sie ihn vollständig ein.
6. Legen Sie den Folienbeutel in den Big Green Egg Cooker und decken Sie den Deckel ab.
7. 20 Minuten im Kocher kochen.
8. In Keile schneiden und mit Apfelmus servieren.

Nährwertangaben pro Portion:

- Kalorien 191
- Fett gesamt 2,2 g
- Gesättigtes Fett 2,4 g
- Cholesterin 10 mg
- Natrium 276 mg
- Kohlenhydrate gesamt 7,7 g
- Faser 0,9 g
- Zucker 1,4 g
- Eiweiß 8,8 g

Gebutterter Maiskolben

Portionieren: 6
Vorbereitungszeit: 10 Minuten
Zubereitungszeit: 35 Minuten

Zutaten:

- 6 Maiskolben
- 2 Esslöffel geschmolzene Butter
- koscheres Salz und schwarzer Pfeffer zum Abschmecken

Methode:

1. Weichen Sie den geschälten Mais in einer mit Wasser gefüllten Schüssel 2 Stunden lang ein.
2. Heizen Sie den Big Green Egg Cooker auf 300 Grad F ohne convEGGtor vor.
3. Lassen Sie die eingeweichten Maisknollen abtropfen und geben Sie sie in den Big Green Egg-Kocher.
4. 30 Minuten garen, dabei alle 5 Minuten wenden.
5. Bestreichen Sie die Knöpfe während des Garens mit Butter.
6. Streuen Sie Salz und Pfeffer darüber.
7. Warm servieren.

Nährwertangaben pro Portion:

- Kalorien 148
- Fett gesamt 22,4 g
- Gesättigtes Fett 10,1 g
- Cholesterin 320 mg
- Natrium 350 mg
- Kohlenhydrate gesamt 32,2 g
- Faser 0,7 g
- Zucker 0,7 g
- Eiweiß 4,3 g

Kapitel 9: Desserts-Rezepte

Doppelschichtige Torte

Portionieren: 8
Vorbereitungszeit: 15 Minuten
Kochzeit: 25 Minuten

Zutaten:

Erste Schicht

- 3 Esslöffel Allzweckmehl
- 1/4 Tasse Zucker, gepudert
- 1 Teelöffel Backpulver
- 1 Esslöffel Gelatine
- 8 Esslöffel Butter
- 1/2 Teelöffel Vanille-Essenz
- 2 große Eier

Zweite Schicht

- 8 Esslöffel Butter
- 8 oz. Frischkäse
- 1/2 Teelöffel Vanille-Essenz
- Flüssiges Stevia, nach Geschmack
- 2 große Eier

Methode:

1. Heizen Sie Ihren Green Egg Cooker bei 350 Grad F mit einem convEGGtor vor.
2. Nehmen Sie eine 8-Zoll-Springform und fetten Sie sie mit Butter gut ein.

Erste Schicht

3. Vanille und Butter mit allen Eiern in einem Mixer verquirlen.
4. Gelatine, Backpulver, Mehl und Gelatine einrühren.
5. Mischen Sie gut, bis alles gut eingearbeitet ist. Stellen Sie diese Mischung beiseite.

Zweite Schicht

6. Schlagen Sie die Butter mit dem Frischkäse separat in einem elektrischen Mixer.
7. Fügen Sie Stevia und Vanilleextrakt zum Abschmecken hinzu. Dann die Eier einquirlen.
8. Schlagen Sie alles, bis die Mischung glatt ist.

Montage

9. Verteilen Sie zunächst die erste Schicht in der gefetteten Backform.
10. Dann diese Schicht gleichmäßig mit dem Teig der zweiten Schicht bedecken.

11. Backen Sie den Kuchen für 25 Minuten im Green Egg Cooker.
12. Nehmen Sie den Kuchen nach dem Backen vom Herd und lassen Sie ihn auf einem Gitterrost abkühlen,
13. 2 Stunden lang in einer eingewickelten Plastikfolie kühlen.
14. In Scheiben schneiden und servieren.

Nährwertangaben pro Portion:

- Kalorien 336
- Fett gesamt 34,5 g
- Gesättigtes Fett 21,4 g
- Cholesterin 139 mg
- Natrium 267 mg

- Kohlenhydrate gesamt 9,1 g
- Zucker 0,2 g
- Faser 1,1 g
- Eiweiß 5,1 g

Zitrus-Sahne-Torte

Portionieren: 4
Vorbereitungszeit: 15 Minuten
Kochzeit: 60 Minuten

Zutaten:

Torte

- ¾ Teelöffel Vanille-Essenz
- 4 ganze Eier
- ¼ Tasse Butter, ungesalzen, erweicht
- 1 ¼ Tassen Allzweckmehl
- 3/4 Tasse Zucker
- ¼ Teelöffel Zitronenessenz
- ¼ Teelöffel Salz
- 4 Unzen Frischkäse
- ¾ Teelöffel Backpulver

Creme Frosting

- 1/8 Tasse Zucker
- 1 ½ Esslöffel schwere Schlagsahne
- ¼ Teelöffel Vanille-Essenz

Methode:

1. Heizen Sie Ihren Green Egg Cooker bei 350 Grad F mit einem convEGGtor vor.
2. Inzwischen Butter mit Zucker und Frischkäse in einer geeigneten Schüssel schlagen.
3. Eier, Zitronenessenz und Vanille einrühren und gut verrühren.
4. Backpulver, Salz und Allzweckmehl einrühren.
5. Sobald der Teig gut vermischt ist, füllen Sie ihn in eine gefettete Backform.
6. Backen Sie den Kuchen im Green Egg Cooker für 60 Minuten.
7. Schlagen Sie alle Zutaten für die Glasur in einer geeigneten Schüssel.
8. Sobald der Kuchen fertig ist, nehmen Sie ihn aus der Form und legen ihn auf ein Gitter.
9. Lassen Sie den Kuchen 10 Minuten abkühlen und bestreichen Sie ihn dann mit der Sahneglasur.
10. Stellen Sie den Kuchen für mindestens 30 Minuten in den Kühlschrank.
11. Zum Genießen in Scheiben schneiden und servieren.

Nährwertangaben pro Portion:

- Kalorien 255
- Fett gesamt 23,4 g
- Gesättigtes Fett 11,7 g
- Cholesterin 135 mg
- Natrium 112 mg
- Kohlenhydrate gesamt 2,5 g
- Zucker 12,5 g
- Faser 1 g

- Eiweiß 7,9 g

Pikanter Zitronenkuchen

Portionieren: 8
Vorbereitungszeit: 15 Minuten
Kochzeit: 45 Minuten

Zutaten:

Torte

- 1/2 Tasse Allzweckmehl
- 5 Eier
- 1/4 Tasse Zucker
- 1/2 Tasse Butter, geschmolzen
- Saft von 1/2 Zitrone
- 1/2 Teelöffel Zitronenschale
- 1/2 Teelöffel Xanthangummi
- 1/2 Teelöffel Salz

Vereisung

- 1 Tasse Frischkäse
- 3 Esslöffel Zucker
- 1 Teelöffel Vanille-Essenz
- ½ Teelöffel Zitronenschale

Methode:

1. Heizen Sie Ihren Green Egg Cooker bei 335 Grad F mit einem convEGGtor vor.
2. Schlagen Sie das Eiweiß mit einem elektrischen Mixer auf, bis es steife Spitzen bildet.
3. Geben Sie alles andere in eine andere Schüssel und mischen Sie es gut.
4. Sobald die Masse gut vermischt ist, heben Sie den Eiweißschaum unter und schlagen ihn vorsichtig auf.
5. Verwenden Sie einen Spatel, um den Teig in eine mit Öl gefettete 9x5-Zoll-Laibform zu füllen.
6. Backen Sie den schaumigen Teig im Green Egg Cooker für 45 Minuten.
7. Bereiten Sie in der Zwischenzeit den Belag zu, indem Sie die Zutaten für den Zuckerguss mit dem elektrischen Mixer aufschlagen.
8. Stellen Sie den gebackenen Kuchen auf ein Drahtgitter und lassen Sie ihn 10 Minuten abkühlen.
9. Verteilen Sie die Frischkäseglasur auf dem Kuchen und verteilen Sie sie gleichmäßig.
10. Mindestens 30 Minuten in den Kühlschrank stellen.
11. Nach Belieben garnieren.
12. In Scheiben schneiden und nach einer Mahlzeit genießen.

Nährwertangaben pro Portion:

- Kalorien 251
- Fett gesamt 24,5 g
- Gesättigtes Fett 14,7 g
- Cholesterin 165 mg
- Natrium 142 mg
- Kohlenhydrate gesamt 4,3 g
- Zucker 0,5 g
- Faser 1 g
- Eiweiß 5,9 g

Sahnetorte

Portionieren: 8
Vorbereitungszeit: 15 Minuten
Kochzeit: 60 Minuten

Zutaten:

Frischkäseglasur:

- 8 oz. Frischkäse erweicht
- 1/2 Tasse Butter erweicht
- 1/2 Tasse Puderzucker
- 1 Teelöffel Vanille-Essenz optional
- 2 Esslöffel schwere Sahne

Karottenkuchen-Schichten:

- 5 Eier groß
- 3/4 Tasse Zucker
- 2 Teelöffel Vanille-Essenz
- 14 Esslöffel Butter geschmolzen
- 1/4 Teelöffel ungesüßte Kokosnuss, geraspelt
- 1/4 Teelöffel Salz
- 1/2 Tasse Mandelmehl
- 1 3/4 Tasse Allzweckmehl
- 2 Teelöffel Backpulver
- 1 1/2 Teelöffel Zimt, gemahlen
- 1 1/4 Tasse geschredderte Möhren

Methode:

1. Schlagen Sie alle Zutaten für die Glasur mit einem elektrischen Mixer schaumig. Stellen Sie es beiseite.

Für Karottenkuchenschichten:

2. Heizen Sie Ihren Green Egg Cooker bei 350 Grad F mit einem convEGGtor vor.
3. Legen Sie zwei 8-Zoll-Backformen mit Pergamentpapier aus.
4. Fetten Sie die Backformen ein und stellen Sie sie beiseite.
5. Eier mit Zucker in einem elektrischen Mixer 5 Minuten lang schaumig schlagen.
6. Allzweckmehl mit Salz, Mandelmehl, Backpulver und Zimt mischen.
7. Übertragen Sie diese Mischung auf den Eierteig und mischen Sie sie gut, bis sie glatt ist.
8. Kokosnuss, Butter, geschmolzen, und Karotten unterheben. Gut umrühren.
9. Teilen Sie den Kuchenteig auf zwei Pfannen auf und backen Sie jede für 30 Minuten im Green Egg Cooker.
10. Lassen Sie sie nach dem Backen etwa 15 Minuten abkühlen.

Zum Zusammenbau:

11. 1 Kuchen mit der Hälfte der Zuckergussmischung belegen.
12. Legen Sie einen weiteren Kuchen darauf.
13. Verteilen Sie den restlichen Zuckerguss auf der oberen Schicht.
14. Nach Belieben garnieren.
15. In Scheiben schneiden und servieren.

Nährwertangaben pro Portion:

- Kalorien 307
- Fett gesamt 29 g
- Gesättigtes Fett 14g
- Cholesterin 111 mg
- Natrium 122 mg
- Kohlenhydrate gesamt 7 g
- Zucker 1 g
- Faser 3 g
- Eiweiß 6 g

Butteriger Schokoladenkuchen

Portionieren: 6
Vorbereitungszeit: 15 Minuten
Zubereitungszeit: 46 Minuten

Zutaten:

- 7 oz. zuckerfreie dunkle Schokolade
- 3,5 oz. Butter
- 3,4 oz. Creme
- 4 Eiweiß
- 4 Eigelb
- Zucker nach Geschmack

Methode:

1. Heizen Sie Ihren Green Egg Cooker bei 325 Grad F mit einem convEGGtor vor.
2. Nehmen Sie eine 8-Zoll-Backform und reiben Sie sie mit etwas Butter ein, um sie zu fetten.
3. Die restliche Butter mit der Schokolade in der Mikrowelle schmelzen, dann gut vermischen.
4. Sobald sie geschmolzen ist, Sahne und Zucker zur Schokoladenmischung geben.
5. Eigelb einschlagen und schlagen, bis es gut eingearbeitet ist.
6. Schlagen Sie das Eiweiß in einer anderen Rührschüssel auf, bis es schaumig wird.
7. Heben Sie den weißen Eierschaum unter die cremige Buttermasse.
8. Verwenden Sie einen Spatel, um den Teig in die vorbereitete Backform zu füllen.
9. Backen Sie es im Green Egg Cooker für 45 Minuten.
10. Nehmen Sie den Kuchen aus der Form und legen Sie ihn auf ein Gitterrost.
11. Lassen Sie es 5 Minuten abkühlen und stellen Sie es dann in eine Plastikfolie verpackt für 4 Stunden in den Kühlschrank.
12. Schneiden Sie den Kuchen in Scheiben und servieren Sie ihn.

Nährwertangaben pro Portion:

- Kalorien 173
- Fett gesamt 16,2 g
- Gesättigtes Fett 9,8 g
- Cholesterin 100 mg
- Natrium 42 mg
- Kohlenhydrate gesamt 9,4 g
- Zucker 0,2 g
- Faser1 g
- Eiweiß 3,3 g

Brocken Karottenkuchen

Portionieren: 8
Vorbereitungszeit: 15 Minuten
Kochzeit: 60 Minuten

Zutaten:

- 3/4 Tasse Zucker
- 3/4 Tasse Butter
- 1 Teelöffel Vanille-Essenz
- 1/2 Teelöffel Ananasextrakt
- 4 großes Ei
- 2 1/2 Tasse Allzweckmehl

- 2 Teelöffel glutenfreies Backpulver
- 2 Teelöffel Zimt
- 1/2 Teelöffel Meersalz
- 2 1/2 Tasse Karotten, gerieben
- 1 Tasse Pekannüsse, gehackt
- Pekannüsse, zum Garnieren

Methode:

1. Heizen Sie Ihren Green Egg Cooker bei 350 Grad F mit einem convEGGtor vor.
2. Fetten Sie den Boden von zwei 9-Zoll-Backformen ein und legen Sie ihn mit Pergamentpapier aus.
3. Zucker in einer geeigneten Schüssel mit Sahne schlagen.
4. Vanilleessenz und Ananasextrakt einrühren.
5. Während Sie diese Mischung schlagen, fügen Sie nach und nach die Eier hinzu.
6. Geben Sie Zimt, Salz, Backpulver und Mehl zu dieser Mischung.
7. Gut verquirlen, um sie zu kombinieren.
8. Heben Sie 1 Tasse gehackte Pekannüsse und Karotten unter.
9. Verteilen Sie den gesamten Teig auf die beiden Pfannen.
10. Backen Sie jeweils 30 Minuten im Green Egg Cooker.
11. Nehmen Sie beide Kuchen aus den Formen und lassen Sie sie 10 Minuten auf Gitterrosten abkühlen.
12. Verwenden Sie die restlichen Pekannüsse zum Garnieren.
13. In Scheiben schneiden und servieren.

Nährwertangaben pro Portion:

- Kalorien 359
- Fett gesamt 34 g
- Gesättigtes Fett 10,3 g
- Cholesterin 112 mg
- Natrium 92 mg

- Kohlenhydrate gesamt 8,5 g
- Zucker 2 g
- Faser 1,3 g
- Eiweiß 7,5 g

Pekannuss-Kuchen

Portionieren: 8
Vorbereitungszeit: 15 Minuten
Kochzeit: 1 Stunde 30 Minuten

Zutaten:

Torte

- 1/2 Tasse Butter erweicht
- 1 Tasse Zucker
- 4 große Eier, getrennt
- 1/2 Tasse Schlagsahne
- 1 Teelöffel Vanille-Essenz
- 1 1/2 Tassen Allzweckmehl
- 1/2 Tasse Kokosnuss, geraspelt
- 1/2 Tasse Pekannüsse, gehackt
- 1/4 Tasse Mandelmehl
- 2 Teelöffel Backpulver
- 1/2 Teelöffel Salz
- 1/4 Teelöffel Weinstein Sahne

Vereisung

- 8 Unzen Frischkäse erweicht
- 1/2 Tasse schwere Schlagsahne
- 1/2 Tasse Butter erweicht
- 1 Tasse Puderzucker
- 1 Teelöffel Vanille-Essenz

Garnierung

- 2 Esslöffel Kokosnuss, geraspelt und geröstet
- 2 Esslöffel Pekannüsse, gehackt und geröstet

Methode:

Torte

1. Heizen Sie Ihren Green Egg Cooker bei 325 Grad F mit einem convEGGtor vor.
2. Nehmen Sie zwei 8-Zoll-Backformen und fetten Sie sie mit Butter ein.
3. Eigelb mit Sahne, Zucker, Butter und Vanille verrühren.
4. Mischen Sie alle Mehle, gehackte Pekannüsse, Salz, Backpulver und Kokosraspeln.
5. Geben Sie diese Mischung zum Eigelbteig und mischen Sie sie gut.
6. Eiweiß separat in einem Mixer schaumig schlagen.
7. Heben Sie diese schaumige Mischung unter den Mehlteig.
8. Verteilen Sie nun den Teig auf die Backformen.
9. Backen Sie jeweils 45 Minuten im vorgeheizten Green Egg Cooker.
10. Nehmen Sie jeden Kuchen aus der Backform und lassen Sie ihn auf einem Drahtgitter abkühlen.

Vereisung

11. Kombinieren und verquirlen Sie alle Zutaten für die Glasur in einem Mixer, bis sie schaumig sind.
12. Legen Sie es beiseite.

Zum Zusammenbau

13. Legen Sie zunächst einen Kuchen auf einen Teller.
14. Verteilen Sie eine Schicht der Hälfte des Zuckergusses gleichmäßig darauf.
15. Legen Sie den zweiten Kuchen darüber und bedecken Sie ihn mit dem restlichen Zuckerguss.
16. Garnieren Sie es mit Kokosraspeln und Pekannüssen.
17. Kühlen Sie den gebackenen Kuchen 30 Minuten lang im Kühlschrank.
18. In Scheiben schneiden und servieren.

Nährwertangaben pro Portion:

- Kalorien 267
- Fett gesamt 44,5 g
- Gesättigtes Fett 17,4 g
- Cholesterin 153 mg
- Natrium 217 mg

- Kohlenhydrate gesamt 8,4 g
- Zucker 2,3 g
- Faser 1,3 g
- Eiweiß 3,1 g

Erdbeer-Vanille-Torte

Portionieren: 8
Vorbereitungszeit: 15 Minuten
Kochzeit: 10 Minuten

Zutaten:

Kruste:

- 1/2 Tasse Kokosnussöl
- 3/4 Tasse 2 Esslöffel Allzweckmehl
- 2 Eier
- 1 Teelöffel Vanille-Essenz
- 1 Teelöffel Puderzucker

Creme-Füllung:

- 1 Tasse Mascarpone
- 2 Eier getrennt
- 1 Teelöffel Vanille-Essenz
- 1-2 Esslöffel Puderzucker
- 1 Tasse Erdbeeren

Methode:

Kruste:

1. Heizen Sie Ihren Green Egg Cooker bei 350 Grad F mit einem convEGGtor vor.
2. Schlagen Sie die Eier in einer geeigneten Schüssel auf, fügen Sie dann die restlichen Zutaten hinzu.
3. Verteilen Sie diesen Teig zwischen zwei Blättern Pergamentpapier.
4. Legen Sie diese Teigplatte in eine gefettete Form und stechen Sie mit einer Gabel Löcher hinein.
5. Backen Sie diese Kruste für 10 Minuten im Green Egg Cooker.

Creme-Füllung:

6. Schlagen Sie das Eiweiß in einem elektrischen Mixer schaumig.
7. Mascarponecreme, Eigelbe, Zucker und Vanille einrühren und 2 Minuten lang schlagen.
8. Verteilen Sie diese Füllung gleichmäßig in der gebackenen Kruste.
9. Die Füllung mit dem Zucker und den Erdbeeren belegen.
10. Stellen Sie den Kuchen für 30 Minuten in den Kühlschrank.
11. In Scheiben schneiden und servieren.

Nährwertangaben pro Portion:

- Kalorien 236
- Fett gesamt 21,5 g
- Gesättigtes Fett 15,2 g
- Cholesterin 54 mg

- Natrium 21 mg
- Kohlenhydrate gesamt 7,6 g
- Zucker 1,4 g
- Faser 3,8 g
- Eiweiß 4,3 g

Piment-Mandel-Kuchen

Portionieren: 8
Vorbereitungszeit: 15 Minuten
Kochzeit: 25 Minuten

Zutaten:

Für den Kuchen:

- 1/2 Tasse Zucker
- 5 Esslöffel Butter erweicht
- 4 große Eier
- 2 Esslöffel ungesüßte Mandelmilch
- 1 Teelöffel Vanille
- 1 1/2 Tassen Allzweckmehl
- 2 Esslöffel Brotmehl
- 1 Esslöffel Backpulver
- 1 1/2 Teelöffel Zimt, gemahlen
- 1/4 Teelöffel gemahlener Piment
- 1/2 Tasse Mandeln

Frischkäse-Frosting:

- 4 oz. Frischkäse erweicht
- 2 Esslöffel Butter erweicht
- 1 Teelöffel Vanille
- 1 Esslöffel schwere Sahne
- 1/4 Tasse Puderzucker

Methode:

1. Heizen Sie Ihren Green Egg Cooker bei 350 Grad F mit einem convEGGtor vor.
2. Nehmen Sie eine 9-Zoll-Pfanne und legen Sie sie mit Pergamentpapier aus.
3. Zucker mit Butter in einer geeigneten Schüssel schaumig schlagen.
4. Vanille, Eier und Milch einrühren.
5. Gut schlagen, dann Gewürze, Allzweckmehl, Brotmehl und Backpulver einrühren.
6. Geben Sie nun die Mandeln zu diesem Teig und mischen Sie sie vorsichtig.
7. Gießen Sie den Mandelteig in die Backform und verteilen Sie ihn gleichmäßig.
8. Backen Sie es 25 Minuten lang im Green Egg Cooker.
9. In der Zwischenzeit schlagen Sie die Zutaten für das Frosting in einer Schüssel cremig.
10. Sobald der Kuchen fertig ist, nehmen Sie ihn aus der Form und legen ihn auf ein Gitterrost.
11. Verteilen Sie nach zehn Minuten den Zuckerguss gleichmäßig auf dem Kuchen.
12. Mindestens 30 Minuten in den Kühlschrank stellen.

13. In Scheiben schneiden und servieren.

Nährwertangaben pro Portion:

- Kalorien 331
- Fett gesamt 38,5 g
- Gesättigtes Fett 19,2 g
- Cholesterin 141 mg
- Natrium 283 mg

- Kohlenhydrate gesamt 9,2 g
- Zucker 3 g
- Faser 1 g
- Eiweiß 2,1 g

Brombeer-Zitronen-Torte

Portionieren: 8
Vorbereitungszeit: 15 Minuten
Kochzeit: 15 Minuten

Zutaten:

- 1 Tasse Zitronenquark
- 1 Tasse Brombeeren

Kuchen Kruste

- 1,5 Tasse Allzweckmehl
- 1/2 Tasse Mandelmehl
- 4 Esslöffel Zucker, gepudert

- 1 Esslöffel gehobelte Mandeln
- 2 9"-Tortenformen mit losen Böden

- 2 Eier
- 4 Esslöffel kalte Butter, ungesalzen

Methode:

1. Heizen Sie Ihren Green Egg Cooker bei 350 Grad F mit einem convEGGtor vor.
2. Bereiten Sie den Teig vor, indem Sie alles für die Kuchenkruste mischen.
3. Teilen Sie den Teig in zwei gleich große Kugeln.
4. Nehmen Sie zwei Tarteformen und belegen Sie diese mit Öl und Pergamentpapier.
5. Verteilen Sie jeweils eine Teigkugel in jeder Form und drücken Sie sie gleichmäßig an.
6. Stechen Sie mit einer Gabel ein paar Löcher in jede Teigschicht.
7. Backen Sie die Tarte-Krusten 15 Minuten lang im Green Egg Cooker.
8. Stellen Sie die Tarteformen auf ein Drahtgitter, um die Kruste bei Raumtemperatur abzukühlen.
9. Füllen Sie beide Krusten gleichmäßig mit Zitronenquark.
10. Beeren, Zucker und Mandelsplitter darüber geben.
11. Servieren und genießen.

Nährwertangaben pro Portion:

- Kalorien 321
- Fett gesamt 12,9 g
- Gesättigtes Fett 5,1 g
- Cholesterin 17 mg
- Natrium 28 mg

- Kohlenhydrate gesamt 8,1 g
- Zucker 1,8 g
- Faser 0,4 g
- Eiweiß 5,4 g

Fazit

Kochen mit dem Big Green Egg stellt dieses unverzichtbare Outdoor-Kochgerät vor und bietet Anleitungen und Rezepte für alles, was Sie jemals darin kochen möchten. Das unverzichtbare Kochbuch für Ihren Big Green Egg Smoker und Grill, zum Räuchern von Rindfleisch, Schweinefleisch, Schinken, Lamm, Fisch und Meeresfrüchten, Geflügel, Gemüse und Wild. Enthält klare Anweisungen und Schritt-für-Schritt-Anleitungen für jedes Rezept.

Bringen Sie Ihre frühlingshaften Grillideen in Schwung mit dem Big Green Egg Kochbuch 2021-2020, dem kompletten Leitfaden zum Räuchern, Grillen und Braten mit Holzkohle. Wir haben mehr als 800 Tage geschmackvolle, saftige Grillrezepte gesammelt, die Sie und Ihre Gäste wirklich glücklich und zufrieden machen werden.

Worauf warten Sie noch? Kaufen Sie es jetzt! Und genießen Sie die köstlichsten Mahlzeiten.